미술로 치유하는 치료자

자기발견, 자기돌봄, 자기성장의 길

Art Therapy Workbook for Therapists

A Journey of Self-Discovery, Self-Care, and Personal Growth

박윤미 · 박민정 · 윤라미 공저

학지사

머리말

미술로 치유하는 치료자
자기발견, 자기돌봄, 자기성장의 길

이 책을 펼치신 여러분을 환영합니다.

치료자로서 우리는 현장에서 만나는 이들의 고통을 함께하며 치유와 성장을 돕습니다. 그 과정에서 깊은 보람을 느끼지만, 때로는 소진과 혼란을 경험하기도 합니다. 타인을 돌보는 데 집중하다 보면 정작 자신을 돌보는 일은 뒤로 미뤄지곤 합니다. 바로 그 지점에서, 잠시 멈추어 시선을 자신에게 돌려 보기를 제안합니다.

이 책은 미술을 통해 치료자 스스로를 이해하고 돌보는 방법을 안내합니다. 미술의 색채와 이미지, 상징이라는 언어는 말로 표현하기 어려운 내면의 경험을 구체화하고, 자신과의 솔직한 대화를 가능하게 합니다. 이러한 과정은 개인적 성찰을 넘어, 치료자로서 더욱 깊이 성장할 수 있는 내적 기반이 됩니다.

자신에 대한 이해가 깊어질수록 타인에 대한 이해도 함께 넓어집니다. 이는 치료적 관계에서 더 큰 공감과 효과적인 개입으로 이어집니다. 결국 치료자의 자기돌봄은 개인적 필요를 넘어 전문적 책임이 됩니다.

이 책은 다섯 단계의 구성을 통해 여러분의 내면 여정을 안내합니다. Chapter 1에서는 치료자로서의 정체성과 가치관을 성찰하며 여정의 출발점을 마련합니다. Chapter 2에서는 감정 인식과 내면 이해를 통해 자기인식을 확장합니다. Chapter 3에서는 내면의 다양한 목소리를 인식하고 통합하여 내적 조화를 이룹니다. Chapter 4에서는 자기와의 화해와 수용을 통해 정서적 회복의 길을 모색하고, 마지막으로 Chapter 5에서는 새로운 비전을 그리며 지속 가능한 성장의 방향을 구체화합니다. 각 장에는 미술 작업, 성찰 질문, 슈퍼바이저의 조언이 포함되어 있어 깊이 있는 자기탐색을 지원합니다.

이 여정은 누구에게나 동일한 속도로 흐르지 않습니다. 어떤 과정은 오래 머무를 수 있고, 어떤 과정은 빠르게 지나갈 수도 있습니다. 중요한 것은 스스로의 리듬에 귀 기울이며, 판단 없이 내면의 감정과 생각을 바라보는 태도입니다. 결과에 대한 부담을 내려놓고, 자신을 존중하는 마음으로 과정을 경험하시기 바랍니다.

이러한 자기작업은 치료적 실천에서도 자연스럽게 그 의미를 드러낼 것입니다. 자신을 이해하고 돌보는 치료자는 내담자와 더 깊은 관계를 맺으며, 균형 있는 실천을 이어갈 수 있습니다.

이 책이 여러분의 자기돌봄과 전문적 성장을 위한 의미 있는 길잡이가 되기를 바랍니다. 출간 과정에서 아낌없는 지원을 해 주신 학지사 김진환 사장님, 그리고 편집을 함께 해 주신 박지영 선생님과 편집부에 깊은 감사를 드립니다.

2025년 10월

대표 저자 박윤미

자기발견, 자기돌봄, 자기성장을 위한 일상 속 12가지 실천법

이 책은 치료자의 자기이해, 정서적 회복, 전문성 향상을 지원하기 위해 구성되었습니다. 다음의 지침은 효과적인 실천을 위한 방법을 제안합니다. 모든 항목을 반드시 실천할 필요는 없으며, 자신의 상황과 필요에 따라 선택적으로 적용하시기 바랍니다.

1. 실천 일정 설정하기

- 주 2~3회, 30~60분 정도의 정기적인 시간을 확보하세요.
- 달력에 일정으로 등록하고, 미리 알림 설정을 해 두면 도움이 됩니다.
- 월 1회 정도는 1~2시간의 심화 시간을 마련해 보세요.

2. 몰입할 수 있는 환경 조성하기

- 방해받지 않는 조용한 공간을 선택하세요.
- 조명, 향, 음악 등을 활용해 편안한 분위기를 만들어 보세요.
- 워크북과 필요한 매체를 고정된 장소에 준비해 두면 좋습니다.

3. 마음 준비 시간 갖기

- 작업 전 5~10분간 명상이나 호흡으로 마음을 가라앉히세요.
- '지금 이 시간은 나를 위한 시간이다.'와 같은 자기확언을 시도해 보세요.

4. 판단 없이 자신을 관찰하기

- 떠오르는 감정과 생각을 평가하지 말고, 있는 그대로 받아들이세요.

- '완벽해야 한다'는 생각보다는, '지금 이 정도면 충분하다'는 태도로 접근하세요.

5. 다양한 표현 방식 활용하기

- 그림, 글쓰기, 움직임 등 다양한 방식으로 자신을 표현해 보세요.
- 익숙하지 않더라도 새로운 표현은 자기이해를 확장하는 데 도움이 됩니다.

6. 작업 후 성찰하기

- 작업 후 5~10분간 떠오른 느낌과 생각을 간단히 기록하세요.
- 주기적으로 기록을 되짚으며 자신의 흐름과 변화를 살펴보세요.

7. 임상 실무와 연결하기

- 각 작업이 치료 현장에서의 경험이나 내담자에 대한 이해에 어떤 도움이 되는지 생각해 보세요.
- 작업을 자신의 임상 경험이나 사례에 비추어 적용하거나, 상황에 맞게 조정해 보세요.

8. 동료와의 나눔 실천하기

- 신뢰하는 동료와 작업 경험을 나누어 보세요.
- 2~4인의 소규모 모임을 구성해 정기적으로 성찰 과정을 공유해 보는 것도 좋습니다.
- 작업 과정을 슈퍼비전에서 다루면 새로운 관점을 얻고 전문성을 심화하는 데 도움이 될 수 있습니다.

9. 자기성장 기록 남기기

- 주기적으로 자신의 기록을 돌아보며 주요 변화와 통찰을 점검해 보세요.
- '치료자로서의 성장 연대기'를 만들어 보는 것도 의미 있습니다.

10. 자기돌봄 실천하기

- 감정적으로 부담이 큰 활동 후에는 회복과 안정을 위한 시간을 가져 보세요.

- 산책, 요가, 창작 등 자신에게 맞는 회복 활동을 주 1회 이상 실천해 보세요.

11. 창의적으로 응용하기

- 활동을 자신에게 맞게 변형하거나 새로운 방식으로 조합해 보세요.
- 자신이 마주하는 다양한 상황이나 관심 분야에 맞게 작업을 확장해 보는 것도 좋습니다.

12. 일상 속에 성찰 습관 들이기

- 하루 한두 번 짧은 시간이라도 현재의 감정이나 상태를 인식해 보세요.
- 감사 일기나 간단한 메모로 하루를 마무리해 보는 것도 도움이 됩니다.

모든 항목을 한 번에 실천하려 하지 마세요. 자신에게 맞는 몇 가지부터 시작해, 자신만의 속도와 방식으로 확장해 나가 보세요. 완벽함보다 중요한 것은 '지속성'입니다. 이 책이 지속적인 성장을 위한 실천적 도구로서, 여러분의 여정에 깊이를 더해 주기를 바랍니다.

차례

Chapter 1

자기발견:
치료자로서의 여정을 시작하며

치료자의 길은 타인을 돕는 동시에, 자기 자신을 지속적으로 성찰하는 여정입니다.

이 챕터에서는 치료자로서의 삶을 선택하게 된 이유, 그동안의 경험이 내게 남긴 의미, 그리고 내가 중요하게 여기는 가치와 지향점을 돌아봅니다. 이러한 성찰은 전문가로서의 정체성과 개인으로서의 자아 사이에서 균형을 찾고, 지금의 나를 점검하며 앞으로의 방향을 그려 보는 기회를 제공합니다.

치료자로서의 여정을 시작한 분들께는 자신만의 방향을 설정하는 데 도움이 되며, 이미 현장에서 경험을 쌓아 온 분들께는 지금의 실천을 되돌아보고 새롭게 조율하는 시간이 될 것입니다. 이 과정은 치료자로서의 정체성을 탐색하고, 더욱 진정성 있는 실천을 가능하게 하는 출발점이 될 것입니다.

1. 내면의 여정: 자아탐색의 시작
2. 성장의 계단: 도전과 극복, 도전과 성장
3. 나침반 찾기: 핵심 가치와 목표 설정
4. 균형 잡기: 전문성과 자기돌봄의 조화
5. 성찰의 나무: 반영과 통찰

1 내면의 여정: 자아탐색의 시작

예상 소요 시간: 약 50분

치료자로서의 길은 타인을 돕는 일이자, 자신을 깊이 만나고 이해해 가는 과정입니다. 진정성 있는 개입을 위해서는 먼저 자신의 감정과 경험에 귀 기울이고, 그 안에 담긴 의미를 스스로 이해할 수 있어야 합니다.

'현재의 나'를 중심에 두고, 과거의 경험과 앞으로의 방향성, 내 안의 어려움과 자원을 이미지나 색 형태로 표현하며 치료자로서의 정체성을 이루는 다양한 내면의 요소들을 탐색해 보세요.

이 과정을 통해 지금의 나를 이루는 심리적 기반을 새롭게 인식하고, 내면의 요소들이 어떻게 연결되어 있는지를 차분히 들여다보는 시간이 되기를 바랍니다.

준비 단계

- 환경: 조용하고 방해받지 않는 공간에서 활동을 진행해 주세요. 은은한 조명이나 배경 음악, 아로마 향 등을 사용해도 좋습니다.
- 준비물: 다양한 색의 펜, 색연필 또는 마커 등 자유로운 표현을 위한 드로잉 도구를 준비하세요.

작업 단계

- 편안한 자세로 앉아 눈을 감고, 천천히 깊은 호흡을 몇 차례 이어 갑니다. 흐름이 차분해지고 마음이 조금씩 고요해지는 순간을 느껴 보세요.
- 워크시트의 원을 바라보며, 이 공간이 '지금의 나'를 담는 자리라고 느껴 봅니다.
- 호흡을 이어 가며, 마음속에 스쳐 지나가는 감정이나 생각을 천천히 바라봅니다.
- 그런 감정과 생각을 선, 색, 이미지, 단어 등 어떤 형태로든 원 안에 자유롭게 표현해 보세요.
- 지금 이 순간의 나를 있는 그대로 담아낸다는 마음으로 가볍게 그려 보면 좋습니다.
- 이제 원 바깥의 공간을 바라보며, 다음의 네 가지 요소를 그림이나 단어, 상징 등으로 표현

해 봅니다.

- 왼쪽(과거): 지금의 나에게 영향을 준 기억이나 장면
- 오른쪽(미래): 앞으로의 나, 바람, 지향하는 흐름
- 위쪽: 나를 지지해 주는 자원이나 사람, 기억
- 아래쪽: 지금 마음에 머물러 있는 불안이나 걸림돌

- 각 요소에 색을 더해 보세요. 감정의 깊이, 중요도, 그 안에서 느껴지는 분위기를 자유롭게 색과 선으로 표현해 보는 것 자체가 탐색의 한 부분입니다.
- 마지막으로, 중심 원과 바깥 요소들을 선으로 연결해 봅니다. 그 관계가 느껴지는 대로, 가까움이나 거리감, 흐름, 얽힘을 시각적으로 나타내 보세요.

원 안에는 지금 떠오르는 감정이나 생각을 편안하게 담아 보세요. 원 바깥에는 나의 과거와 미래, 내 안의 어려움과 자원을 떠오르는 이미지나 색, 형태로 표현해 보세요. 각 요소들 사이의 느껴지는 관계나 흐름을 선과 색으로 자연스럽게 이어가 보세요.

성찰 단계(Q&A)

Q. 그림을 마주했을 때 가장 먼저 눈에 들어온 부분은 어디인가요? 그 부분이 유독 눈에 띄었던 이유는 무엇인가요?

A.

Q. 과거의 기억 중, 지금의 나에게 깊이 남아 있는 장면이나 순간이 있다면 무엇이었나요? 그 장면은 지금의 나에게 어떤 감정이나 의미로 남아 있나요?

A.

Q. 미래 영역에 표현한 것 중 마음에 또렷하게 남는 이미지나 단어는 무엇이었나요? 그 장면이 나에게 다가온 이유는 무엇인가요?

A.

Q. 이번 작업에서 떠오른 나의 자원이나 강점은 무엇인가요? 그 자원이 앞으로 내가 살아가고 싶은 방향과 어떻게 연결될 수 있을까요?

A.

Q. 표현한 네 가지 요소들 사이에 유독 강한 연결감이 느껴지는 부분이 있다면 어디였나요? 그 연결이 나에게 어떤 의미나 메시지를 전해 주었나요?

A.

Q. 이 과정을 통해 '지금의 나' 혹은 '치료자로서의 나'에 대해 새롭게 알아차린 점이 있다면 무엇인가요? 또는 마음에 남는 감정이 있다면 어떤 것이었나요?

A.

Supervisor Tips

- 완성보다 지금 이 순간의 경험을 있는 그대로 표현하는 데 의미가 있습니다. 형태나 결과에 얽매이지 않고, 떠오르는 감정과 생각을 그대로 담아 보는 시간이 되기를 바랍니다.
- 직관을 믿어 보세요. 설명되지 않아도 괜찮습니다. 문득 떠오른 색이나 이미지가 깊은 자각으로 이어질 수 있습니다.
- 새로운 미술 매체나 표현 방식이 예상치 못한 통찰을 열어 줄 수도 있습니다. 때로는 낯선 표현 속에서 더 진솔한 감정이 드러나기도 합니다.
- 불편한 감정 역시 소중한 단서입니다. 그것이 전하고자 하는 메시지를 억누르기보다, 조용히 바라보고 담아내 보세요.
- 색과 형태가 주는 인상을 느껴 보세요. 색이 전하는 감정, 요소들의 배치에서 느껴지는 분위기를 가만히 느껴 보세요.
- 네 가지 요소(과거, 미래, 자원, 불안)의 위치는 정해진 틀이 아닙니다. 자신에게 자연스러운 방식으로 구성해 보세요. 거리감, 흐름, 연결의 방향은 스스로 느껴 가는 것이 중요합니다.
- 작업 속에 반복되어 나타나는 상징이나 색, 형태가 있다면 조금 더 들여다보세요. 그 안에 내면의 메시지가 담겨 있을 수 있습니다.
- 작업이 끝난 뒤에는 표현한 것들을 말로 풀어 보거나 적어 보는 것도 좋습니다. 감정이 정돈되고, 생각이 더 선명해질 수 있습니다.
- 이 시간은 치료자이기 이전에 한 사람으로서의 나와 마주하는 경험입니다. 내 안의 전문성과 인간다움이 어떻게 어우러져 있는지, 들여다보는 기회가 되기를 바랍니다.

2 성장의 계단: 도전과 극복, 도전과 성장

예상 소요 시간: 약 50분

치료자로서의 여정은 반복되는 도전과 끊임없는 성장을 동반합니다. 우리는 이 길에서 지식과 기술뿐 아니라, 감정적 한계나 내면의 흔들림도 마주하게 됩니다. 이러한 경험은 때로 피하고 싶은 불편함으로 다가오지만, 돌아보면 오히려 나를 더 깊이 이해하고, 전문성을 단단히 다져 가는 계기가 되어 주기도 합니다.

지금 내가 겪고 있는 도전과 그에 얽힌 감정을 그림으로 표현해 보세요. 그 안에서 발견할 수 있는 자원과 가능성도 함께 담아 보시기 바랍니다. 작업을 통해 '지금의 나'를 조망하며, 도전과 회복, 멈춤과 확장의 흐름을 따라가 봅니다.

준비 단계

- 환경: 조용하고 집중할 수 있는 공간에서 활동을 진행해 주세요. 편안한 배경 음악을 틀어도 좋습니다.
- 준비물: 다양한 색의 펜, 색연필 · 마커 등 자유로운 표현을 위한 드로잉 도구를 준비하세요.

작업 단계

- 제시된 워크시트 중 하나를 선택해, 나의 성장 여정을 표현해 보세요.
  - 예: 위로 올라가는 계단, 나선형 길, 굽이치는 강줄기, 뻗어 가는 나무 등
- 선택한 워크시트 위에 다음의 내용들을 자유롭게 담아 보세요.
  - 지금 내가 마주하고 있는 도전의 장면
  - 그 도전을 극복하기 위해 필요한 내적 · 외적 자원
  - 도전 이후 기대되는 변화, 성장의 방향성 또는 목표
- 각 요소와 연결되는 감정, 생각, 상징적 이미지를 색과 형태, 크기, 배치를 통해 자유롭게 표현해 보세요.

계단의 각 단계마다 나의 성장 경험을 표현해 보세요. 그때그때 마주한 어려움과 배움, 감정의 변화를 색과 이미지, 단어로 자유롭게 담아 보세요.

나선형 길 위에 나의 성장 여정을 그려 보세요. 돌아가고 다시 나아갔던 흐름 속에서 느껴졌던 감정이나 변화의 순간들을 표현해 보세요.

강물처럼 흐르는 나의 성장 이야기를 자유롭게 표현해 보세요. 멈춤, 급류, 완만한 흐름…… 그 속에 담긴 감정과 변화의 흐름을 따라가 보세요.

나무로 나의 성장을 표현해 보세요. 탄탄한 가지와 연약한 새싹 모두 지금의 나를 이루는 소중한 부분입니다.

성찰 단계(Q&A)

Q. 내가 그린 성장 여정은 어떤 모습인가요? 그 안에는 어떤 감정, 생각, 또는 기억이 담겨 있나요?

A.

Q. 현재 직면한 주요 도전 중 가장 중요한 것은 무엇인가요? 이 도전이 나의 성장에 어떤 의미를 가지나요?

A.

Q. 도전을 마주하는 데 있어, 나에게 특히 중요하게 느껴지는 자원은 무엇인가요? 그 자원이 어떤 힘이 되어 줄 수 있을지 떠올려 보세요.

A.

Q. 도전 이후 기대되는 변화나 바람 중 가장 마음에 와닿는 것은 무엇인가요? 그 모습이 나에게 어떤 감정이나 이미지를 불러일으키나요?

A.

Q. 이 작업을 통해 나의 성장 여정에 대해 새롭게 알아차린 점이 있다면 무엇인가요? 지금의 나에게 어떤 감정이나 메시지를 전해 주고 있나요?

A.

Supervisor Tips

- 성장의 여정은 반드시 직선일 필요는 없습니다. 계단처럼 곧게 오르는 길뿐 아니라, 나선형, 곡선, 굽이치는 강물처럼 자신에게 자연스러운 방식으로 여정을 그려 보는 것도 좋습니다. 지금의 나를 솔직하게 담아낼 수 있다면, 어떤 형태든 의미 있는 표현이 됩니다.
- 도전은 단지 외적인 사건만을 뜻하지 않습니다. 그 안에 담긴 감정과 내면의 반응 또한 중요한 부분입니다. 색감이나 질감, 선의 흐름 등을 통해 감정을 직접적으로 드러내는 것도 하나의 방식일 수 있습니다.
- 자원을 내면과 바깥으로 나누어 바라보면 더 선명해질 수 있습니다. 인내심, 창의성, 회복력 같은 내적 자원과 멘토, 공동체, 배움의 기회 같은 외적 자원을 함께 떠올려 보세요. 다양한 자원이 여정을 이어 가는 힘이 되어줍니다.
- 여정에는 예상하지 못했던 우회로나 멈춤도 포함될 수 있습니다. 그러한 흐름을 자연스럽게 담아낼 수 있다면, 지금의 자신을 있는 그대로 받아들이는 데에도 도움이 될 것입니다.
- 완성된 그림에 미래의 목표나 바람을 담아 보는 것도 좋습니다. 지금 떠오르는 가능성이나 방향이 앞으로의 성장에 작은 불빛이 되어 줄 수 있으니까요.
- 이 그림을 누군가와 나누고 싶다면, 신뢰할 수 있는 동료나 슈퍼바이저와 함께 보는 것도 좋은 경험이 될 수 있습니다. 타인의 관점은 혼자서는 인식하지 못했던 감정이나 의미를 발견하게 도와줄 수 있고, 그것이 또 다른 성찰로 이어질 수도 있습니다.

3 나침반 찾기: 핵심 가치와 목표 설정

예상 소요 시간: 약 60분

우리는 때때로 삶과 일의 흐름 속에서 방향을 잃은 듯한 순간을 마주하기도 하고, 지금 어디로 향하고 있는지 다시 생각하게 될 때도 있습니다. 이번 작업은 그런 순간에 나의 내면을 돌아보며, 중심에 있는 가치와 앞으로 나아갈 방향을 다시 그려 보는 과정입니다.

이 작업은 단순한 목표 설정을 넘어, 자신의 중심을 감각적으로 확인하고, 중요한 가치를 다시 마주하는 탐색의 과정입니다. 나침반이라는 상징을 통해, 내가 진정으로 소중히 여기는 것들과 앞으로 나아가고 싶은 방향을 찾아보세요.

준비 단계

- 환경: 조용하고 방해받지 않는 공간에서 활동을 진행해 주세요. 은은한 조명이나 배경 음악, 아로마 향 등을 사용해도 좋습니다.
- 준비물: 다양한 색의 펜, 색연필 또는 마커 등 자유로운 표현을 위한 드로잉 도구를 준비하세요.

작업 단계

- 눈을 감고 천천히 호흡하며 내면에 집중해 보세요.
- 마음이 차분해지면 '나를 지금 이 길로 이끈 것은 무엇인가?'를 조용히 떠올려 봅니다.
- 워크시트의 나침반 그림을 바라보며, 각 방향에 다음의 질문을 떠올리고, 그에 대한 감정이나 이미지를 색, 형태, 질감 등으로 표현해 보세요.
  - 북(N): 내가 추구하는 목표는 무엇인가요?
  - 동(E): 나에게 도전과 성장을 자극하는 것은 무엇인가요?
  - 남(S): 나에게 안정감과 평온을 주는 것은 무엇인가요?
  - 서(W): 내가 돌아보고 배우게 된 중요한 과거의 경험은 무엇인가요?

- 중앙의 원에는 지금의 나를 가장 잘 나타내는 상징이나 이미지를 그려 보세요.
- 완성된 나침반을 보며 '이 나침반이 나에게 전하는 메시지는 무엇일까?'를 생각하고, 떠오르는 단어나 문장을 주변에 적어 보세요.

지금의 나를 중심에 두고, 삶과 일의 방향을 바라봅니다. 네 방향을 따라 떠오르는 감정이나 이미지를 표현해 보세요. 북(N): 내가 추구하는 목표, 동(E): 나를 자극하는 도전과 성장, 남(S): 나에게 안정감과 평온을 주는 것, 서(W): 나를 성장시킨 과거의 경험. 그리고 중앙에는 지금의 나를 상징하는 이미지를 그려 보세요.

성찰 단계(Q&A)

Q. 나의 나침반에서 가장 눈에 띄는 부분은 무엇이며, 이는 나에게 어떤 의미가 있나요?

A.

Q. 각 방향을 표현하며 발견한 나의 핵심 가치는 무엇이었나요?

A.

Q. 표현된 가치들 중 서로 부딪히거나 긴장되는 부분이 있나요? 그렇다면, 이를 어떻게 조화롭게 다룰 수 있을까요?

A.

Q. 이 작업을 통해 어떤 감정이나 통찰을 경험했나요? 이는 나의 전문적 실천과 어떤 연결이 있었나요?

A.

Q. 나의 나침반이 실제 삶이나 일상 속에서 어떻게 적용될 수 있을까요? 구체적인 예를 들어 보세요.

A.

Q. 앞으로의 개인적 또는 전문적 성장을 위해, 나침반의 어느 부분을 더 깊이 탐색하거나 확장해 보고 싶나요?

A.

Supervisor Tips

- 작업 전, 몇 차례 심호흡으로 시작해 보세요. '나는 어떤 사람으로 살아가고 싶은가?'라는 질문을 마음에 담고, 깊은 호흡과 함께 내면의 목소리에 귀 기울여 보세요.
- 색연필이나 마커 외에도, 다양한 질감의 재료(예: 천 조각, 잡지 이미지, 자연물 등)를 활용해 보세요. 재료의 감각은 내면의 상징을 더 풍부하게 드러내 줄 수 있습니다.
- 각 방향에 대해 생각할 때는, 처음 떠오른 것에서 한 걸음 더 깊이 들어가 보세요. '이것이 나에게 진짜 의미하는 것은 무엇일까?'라고 스스로에게 물어보면 새로운 통찰을 발견할 수 있습니다.
- 때로는 네 방향의 가치들이 서로 상반될 수 있습니다. 그럴 때 '나는 어떤 것을 더 중요하게 여기는가?'를 생각해 보면 자신의 진정한 우선순위를 발견할 수 있습니다.
- 완성한 나침반은 눈에 잘 보이는 곳에 두고 종종 바라보세요. 힘든 순간마다 중심을 다시 떠올리는 데 도움이 될 수 있습니다.
- 3~6개월 후 또 다른 나침반을 만들어 보세요. 두 나침반을 나란히 놓고 보면, 나의 변화와 성장을 확인할 수 있을 것입니다.

4 균형 잡기: 전문성과 자기돌봄의 조화

예상 소요 시간: 약 60분

삶을 살아가다 보면 우리는 일과 관계, 쉼과 성장 사이에서 균형을 찾기 위해 끊임없이 조율하게 됩니다. 하지만 일상 속에서 일과 관계 및 쉼과 성장의 균형을 유지하는 일은 생각만큼 간단하지 않습니다.

이번 작업은 나의 삶을 하나의 정원으로 바라보며, 어떤 부분은 건강하게 자라고 있고, 어떤 부분은 조금 더 돌봄이 필요한지를 살펴보려고 합니다. 정원을 가꾸듯 삶의 다양한 영역을 들여다보며, 나만의 삶의 균형을 찾아보세요.

준비 단계

- 환경: 조용하고 편안한 공간을 선택하세요. 잔잔한 음악, 향기 등도 집중에 도움이 될 수 있습니다.
- 준비물: 다양한 색의 펜, 색연필, 마커 등을 준비해 주세요. 잡지, 색종이, 천 조각 같은 콜라주 재료도 함께 사용하면 표현이 더 풍성해집니다.

작업 단계

- 작업을 시작하기 전, 5~10분간 조용히 마음을 가다듬어 보세요. '나는 지금 어떤 부분에서 성장하고 있을까?' '지금 나에게 돌봄이 더 필요한 영역은 어디일까?'와 같은 질문을 마음에 떠올리며 현재의 상태를 가만히 느껴 봅니다.
- 준비된 워크시트(원형 또는 정원 형태) 중에서 지금의 나와 더 잘 어울린다고 느껴지는 것을 선택하세요.
- 선택한 워크시트의 안쪽을 6~8개의 영역으로 나누고, '자기돌봄, 관계, 일, 배움, 취미, 휴식' 등 지금 나에게 중요한 삶의 영역을 하나씩 적어 넣어 보세요.
- 각 영역의 현재 상태를 씨앗, 새싹, 꽃, 열매 등 식물의 모습으로 표현해 보세요.

- 색상, 크기, 형태 등을 자유롭게 활용해 각 영역이 지닌 에너지와 감정을 표현해도 좋습니다.
- 표현하며 떠오른 생각이나 감정, 그 이유를 워크시트 주변에 간단히 메모해 보세요.

지금의 나를 이루는 삶의 영역을 워크시트 안에 나누어 적어 보세요(예: 자기돌봄, 관계, 일, 취미 등). 각 영역마다 씨앗부터 열매까지, 나의 현재 상태를 자유롭게 표현해 보세요.

지금 나에게 중요한 삶의 영역들을 담아 보세요. 각 공간마다 무엇이 자라고 있고, 어디에 햇살과 물이 더 필요한지 떠올려 보며 씨앗, 새싹, 꽃, 열매로 표현해 보세요.

성찰 단계(Q&A)

Q. 나의 정원에서 지금 가장 잘 자라고 있는 영역은 무엇인가요? 그리고 더 많은 관심이 필요한 영역은 어디인가요?

A.

Q. 각 영역은 서로 어떤 방식으로 연결되어 있나요? 이 연결이 나의 삶에 어떤 영향을 주고 있나요?

A.

Q. 지금의 정원 모습이 나의 삶의 만족도나 치료자로서의 실천에 어떤 영향을 주고 있나요?

A.

Q. 특히 더 관심이 필요한 2~3개의 영역이 있다면, 그 부분을 더 건강하게 가꾸기 위해 어떤 변화나 노력을 시도해 볼 수 있을까요?

A.

Q. 실천하면서 생길 수 있는 어려움들을 어떤 방식으로 풀어 갈 수 있을까요?

A.

Q. 이 작업을 통해 나의 삶의 균형에 대해 새롭게 깨달은 점이 있다면 무엇인가요? 앞으로 어떤 변화나 실천을 시도해 보고 싶나요?

A.

Supervisor Tips

- 연필, 마커 외에도 압화나 작은 나뭇가지, 잎사귀 등 자연물을 함께 사용해 보세요. 이러한 재료들은 정원을 더욱 생생하게 표현하고, 몰입감을 높여 줍니다.
- 정원에 '날씨'를 표현해 보세요. 각 영역마다 맑음, 흐림, 비 등 다른 날씨를 표현하면 나의 삶을 더 직관적으로 파악할 수 있습니다.
- 각 영역을 잇는 '길'을 그려 보세요. 이 길은 삶의 영역들이 어떻게 연결되어 있는지를 보여 주며, 일과 쉼, 성장과 관계 사이의 상호작용을 시각화하는 데 도움이 됩니다.
- 관심이 더 필요한 영역을 위한 돌봄 방법을 계획해 보세요.
  - 예: '자기돌봄' 영역을 위해 매주 나만의 루틴을 만들거나, 가까운 사람에게 조언을 구해 보는 등 실천 가능한 계획을 적어 보세요.
- 6개월 후 이 정원을 다시 그려 보세요. 시간의 흐름 속에서 어떤 영역이 자라났고 어떤 변화가 있었는지를 비교해 보며, 자신만의 성장 과정을 살펴보는 것도 의미 있는 작업이 될 것입니다.
- 동료와 함께 정원을 공유해 보는 것도 좋습니다. 서로의 작업을 나누고 응원하는 시간은 함께 성장하는 소중한 경험이 될 수 있습니다.

5 성찰의 나무: 반영과 통찰

예상 소요 시간: 약 60분

치료자의 여정은 단순한 지식과 기술 습득에 그치지 않습니다. 진정한 성장은 임상 경험을 되돌아보고, 그 안에 담긴 의미를 깊이 성찰하며 발견해 나가는 과정에서 비롯됩니다.

여기서 반영(reflection)은 치료적 행동과 감정을 비판 없이 바라보며, 그 맥락과 자신의 반응을 이해하려는 태도이고, 통찰(insight)은 그러한 반영을 통해 얻게 되는 새로운 시각과 방향을 의미합니다.

한 그루의 나무에 지금까지의 성장 여정을 담아 보며, 과거를 돌아보고 현재의 위치를 점검하고, 앞으로 나아갈 방향을 그려 보세요. 그 과정에서 내면에 남아 있던 성장의 흔적들이 자연스럽게 드러나고, 내가 어떻게 성장해 왔는지, 어떤 토대 위에 서 있는지를 확인하는 시간이 될 것입니다.

준비 단계

- 환경: 조용하고 편안한 공간에서 활동을 시작하세요. 주변에 식물이나 자연 풍경이 있으면 작업에 영감을 줄 수 있습니다.
- 준비물: 다양한 색의 펜, 색연필 또는 마커 등을 준비하세요. 포스트잇이나 메모지를 함께 사용하면 떠오르는 생각을 간단히 정리하는 데 유용합니다.

작업 단계

- 편안한 자세로 앉아 눈을 감고 천천히 깊은 호흡을 반복하며 내면에 집중해 보세요.
- '내 경험에서 무엇을 배웠는가?' '어떤 부분에서 성장했는가?'와 같은 질문을 떠올려 보며 마음을 열어 봅니다.
- 나무의 각 부분에 다음의 내용을 그림, 단어, 색채 또는 상징으로 자유롭게 표현해 봅니다.
    - 뿌리: 나를 지탱해 온 핵심 가치와 믿음

- 줄기와 가지: 현재의 정체성, 실천을 이끌어 온 주요 경험들
- 잎과 꽃/열매: 주요 통찰과 성과, 그리고 미래의 목표

• 나무 주변에는 성장에 영향을 미친 외부 요인(환경, 사람 등)을 그려 넣어 보세요. 색이나 크기, 위치 등을 활용해 그 요소가 지닌 영향력이나 의미를 표현해도 좋습니다.

지금의 나를 이루는 성장의 시간들을 한 그루 나무에 담아 보세요.

성찰 단계(Q&A)

Q. 나의 나무에서 가장 튼튼하게 느껴진 부분과 더 성장이 필요하다고 느낀 부분은 어디인가요? 이러한 강점과 과제가 나의 삶이나 업무에 어떻게 반영되고 있나요?

A.

Q. 뿌리(가치와 믿음)와 잎과 열매(성과와 목표) 사이에는 어떤 연결이 보이나요? 이 관계는 나의 실천 방식이나 태도에 어떤 영향을 주고 있나요?

A.

Q. 현재의 나무 전체를 바라보았을 때, 나는 얼마나 만족하고 있나요? 그 이유는 무엇인가요?

A.

Q. 지금 가장 성장이 필요한 영역은 어디인가요? 이 부분을 확장시키기 위해 어떤 실천 계획이 가능할까요?

A.

Q. 이 작업을 통해 새롭게 인식하게 된 점이 있다면 무엇인가요? 앞으로 어떤 변화를 만들어 가고 싶나요?

A.

Supervisor Tips

- 나무의 각 부분을 임상 경험과 연결해 표현해 보세요. 뿌리는 나를 지탱해 온 가치, 줄기와 가지는 내가 지나온 현장의 시간들, 잎과 열매는 그 시간 안에서 피어난 통찰과 변화를 상징할 수 있습니다. 말보다 이미지가 먼저 떠오른다면, 그 감각을 따라가도 괜찮습니다.
- 중요한 시점을 '나이테'로 표현해 보세요. 성장의 흔적이 남겨진 어떤 시기나 기억, 혹은 슈퍼비전 중 마음에 남은 한마디가 나이테로 새겨져 있을 수 있습니다. 얇거나 굵거나, 고르지 않아도 괜찮습니다. 그 자체로 의미가 있습니다.
- '작은 나무들'을 함께 배치해 보세요. 내 곁을 지켜 준 멘토, 동료, 내담자들을 상징하는 존재입니다. 어떤 이는 가까이 있고, 어떤 이는 멀리 있고, 어떤 이는 이미 사라진 나무일 수도 있어요. 그들을 떠올릴 때 느껴지는 감정도 함께 담아 봅니다.
- 나무의 뒤편이나 바닥 가까이에 '그림자'를 표현해 보는 것도 좋습니다. 아직 마주하지 못한 감정, 임상적 맹점, 불편한 기억이어도 괜찮습니다. 그저 그 자리에 있다는 것만으로도 의미가 있습니다.
- 작업이 마무리되면, 지금 마음에 남아 있는 단어나 이미지를 메모해 보세요. 긴 계획이 아니어도 괜찮습니다. 지금 떠오른 감정 하나, 손이 자주 간 색 하나, 더 알고 싶은 무언가. 그 한 조각이, 다음 걸음의 실마리가 되어 줄 수 있습니다.
- 이 작업은 반복할수록 새롭게 보입니다. 시간이 지난 뒤 같은 나무를 다시 그려 보며 변화의 흔적을 느껴 보세요. 자라는 방향, 가지의 모양, 뿌리의 깊이…… 그 모든 것이 당신의 여정입니다.

Chapter 2

자기인식과 이해:
마음의 조각들

감정은 나를 이해하는 데 있어 가장 직접적인 단서입니다. 이 챕터에서는 감정을 있는 그대로 바라보며, 반복되는 감정의 흐름과 반응 속에서 나 자신을 더 깊이 들여다봅니다. 실망과 좌절의 순간들, 그리고 작지만 소중한 성취의 순간들을 하나씩 마주하며, 각 감정이 담고 있는 의미를 살펴봅니다.

각 감정 속에는 내가 무엇을 중요하게 여기고, 어떤 방식으로 자신을 지지하거나 제약하는지에 대한 정서적 실마리가 담겨 있습니다. 이렇게 감정을 마주하는 과정을 통해 마음의 균형을 찾고 자기돌봄과 자기자비의 폭도 조금씩 키워 갈 수 있습니다. 이 과정은 자신의 내면을 더 세밀하게 이해하며, 나 자신과 더욱 친밀해지는 여정이 될 것입니다.

1 감정 인식: 내 마음의 색

예상 소요 시간: 약 50분

우리는 살아가면서 크고 작은 감정을 끊임없이 경험합니다. 어떤 감정은 선명하게 인식되지만, 어떤 감정은 스쳐 지나가거나 불안과 긴장으로 몸에 남기도 하고, 말로 표현되지 않은 채 마음속에 오래 머무르기도 합니다.

감정을 인식한다는 것은 단순히 기분을 알아차리는 것을 넘어, 그 감정이 어디서 비롯되었고 어떤 반응을 일으켰는지, 지금의 나에게 어떤 의미를 주는지를 살펴보는 일입니다. 이 과정은 자기이해의 기반이 되며, 감정과 행동 사이의 연결을 인식하게 도와줍니다.

이번 작업에서는 감정을 색과 이미지로 표현하며, 자신의 감정 상태를 보다 섬세하게 들여다보는 시간을 갖습니다. 말로는 표현되지 않는 감정의 결이나 흐름을 시각적으로 드러내는 과정을 통해, 자신을 이해하는 감각이 깊어질 수 있습니다. 이는 타인의 감정을 섬세하게 이해하고 공감하는 데에도 도움이 될 것입니다.

준비 단계

- 환경: 방해받지 않는 조용한 공간에서 작업을 진행해 주세요. 필요하다면 은은한 배경 음악이나 아로마 향을 활용해 감각적으로 안정된 분위기를 조성할 수 있습니다. 공간이 허락된다면 바닥에 큰 화지를 펼칠 수 있는 여유 있는 작업 공간을 마련해 주세요.
- 준비물: 색연필, 파스텔, 물감 등 다양한 색감과 질감을 표현할 수 있는 드로잉 도구를 준비해 주세요. A3 이상 크기의 화지를 사용하는 것을 추천합니다.

작업 단계

- 조용한 장소에서 편안하게 앉아, 눈을 감고 숨을 깊게 들이쉬고 내쉬면서 몸과 마음을 이완합니다.
- 숨을 들이마실 때 떠오르는 색상을 상상하고, 숨을 내쉴 때 그 색상과 함께 긴장이 풀리는

느낌을 경험합니다.

- 호흡하면서 떠오르는 감정이나 기억을 주의 깊게 살펴봅니다.
- 느낌을 가장 잘 나타내는 색상과 이미지를 선택하고, 눈을 뜨고 그것을 화지에 그려 봅니다.
- 그림을 완성한 후 잠시 거리를 두고 관찰하고, 그림에서 느껴지는 감정이나 메시지를 차분히 들여다봅니다.

편안한 자세로 앉아 천천히 숨을 들이쉬고 내쉬며, 떠오르는 감정을 느껴 봅니다. 그 감정을 가장 잘 나타내는 색상과 이미지를 자유롭게 화지에 표현해 봅니다.

성찰 단계(Q&A)

Q. 이번 작업을 통해 표현된 색상이나 이미지는 나의 어떤 감정과 연결되어 있나요?

A.

Q. 이 감정은 평소 나의 일상이나 관계 안에서 어떻게 드러나고 있었는지 떠오르는 장면이 있나요?

A.

Q. 작업을 하며 인식하게 된 감정이나 반응 중, 이전에는 미처 자각하지 못했던 것이 있다면 무엇인가요?

A.

Q. 이번 과정을 통해 감정을 더 잘 인식하고 다루기 위해 실천해 보고 싶은 점이 있다면 무엇인가요?

A.

Q. 이번 작업을 통해, 내담자의 감정을 이해하는 데 어떤 점이 새롭게 느껴졌나요?

A.

Supervisor Tips

- 감정의 흐름이나 에너지를 더 풍부하게 표현하고 싶다면, A3 이상의 큰 화지에 물감 작업을 시도해 보는 것을 권합니다. 손의 움직임, 색의 겹침과 번짐을 통해 감정의 밀도와 강도가 더욱 자유롭게 드러날 수 있습니다.
- 하나의 감정이 선명하게 떠오른 경우, 그 감정을 다양한 색, 선, 형태로 반복해서 표현해 보세요. 시각적 요소를 통해 감정의 결이나 깊이를 더 섬세하게 들여다볼 수 있습니다.
- 여러 감정이 동시에 떠오른 경우, 각각의 감정을 구분하여 화지의 다른 공간에 나누어 표현해 보세요. 색이나 형태의 대비를 통해 감정들 간의 관계, 갈등 혹은 조화를 시각적으로 탐색할 수 있습니다.
- 표현한 그림에 수정하거나 덧붙이고 싶은 감정이 있다면, 트레이싱지를 활용해 새로운 층을 겹쳐 그려 보는 것도 좋습니다. 초기 표현과 수정된 표현을 비교하면서 감정의 변화나 새로운 자각을 관찰할 수 있습니다.
- 작업 후에는 표현된 감정을 통해 자신이 무엇을 느끼고 어떤 생각을 했는지를 차분히 돌아보는 시간을 가져 보세요. 이는 감정을 수용하고 다루는 데 중요한 연습이 될 수 있습니다.
- 일상에서 잘 경험하지 않는 상황이나 다른 사람의 감정 상태를 상상하며 표현해 보는 것도 감정의 스펙트럼을 확장하는 데 도움이 됩니다. 이는 감정에 대한 이해와 공감을 더욱 깊어지게 해 줄 수 있습니다.
- 이 작업을 통해 얻은 자기인식이 역전이 상황에서 감정 조절과 거리 두기를 어떻게 도울 수 있을지 생각해 보세요. 자신에 대한 감정적 통찰은 치료자의 정서적 안정성과 임상적 민감성을 높이는 기반이 됩니다.

2 감정의 흐름: 내 감정의 패턴

예상 소요 시간: 약 50분

우리는 살아가며 반복적으로 마주치는 상황에서 비슷한 정서적 반응과 사고, 행동 패턴을 경험하곤 합니다. 이러한 반응들은 삶의 경험 속에서 형성된 신념과 감정 체계에 뿌리를 두고 있으며, 무의식중에 과거의 익숙한 방식으로 되풀이되곤 합니다.

감정의 흐름을 들여다보고, 그 이면에 자리한 반복적인 감정 패턴을 인식하는 일은 자기이해와 자기수용의 중요한 출발점이 됩니다. 익숙한 감정과 사고의 연결 구조를 시각화해 보는 과정을 통해 자신이 가진 정서적 흐름과 무의식적 반응을 알아차리고 조율하는 기회를 가져 보세요.

준비 단계

- 환경: 조용하고 편안한 공간에서 차분한 배경 음악을 틀어 주세요.
- 준비물: 색연필, 사인펜, 파스넷, 수채화 물감 등 다양한 색상을 표현할 수 있는 드로잉 도구를 준비하세요.

작업 단계

- 편안한 자세로 앉아 눈을 감고, 천천히 깊은 호흡을 세 번 반복하며 몸의 긴장을 풀어 줍니다.
- 최근 반복적으로 겪은 스트레스나 불편했던 상황을 하나 떠올려 봅니다.
- 그때의 기억 속으로 천천히 들어가 봅니다. 어떤 감각이 느껴졌나요? 어떤 감정과 생각이 들었나요?
- 이제 그 경험을 표현할 수 있는 색이나 모양, 이미지를 떠올려 봅니다.
- 화지 중앙 또는 편한 위치에서부터 시작해 자유롭게 그려 보세요.
- 연관된 감정이나 기억도 함께 표현하면서, 감정의 흐름과 변화가 드러나도록 색과 형태를

이어 갑니다.

- 그림을 완성한 뒤, 반복적으로 나타난 요소나 특징적인 패턴이 있는지 살펴봅니다.
- 발견한 감정의 패턴이 일상에서 어떤 방식으로 나타났는지, 또는 자신에게 어떤 영향을 주고 있었는지를 정리해 봅니다.

반복적으로 겪었던 스트레스 상황을 떠올리고, 그때의 감정과 생각을 색과 형태로 표현해 보세요. 그림 속에 반복되는 감정의 흐름이나 특징적인 요소가 담겨 있나요?

반복적으로 겪었던 스트레스 상황을 떠올리고, 그 감정이 내 안에서 어떻게 시작되어 점차 어떤 흐름을 만들었는지 떠올려 보세요. 중심에서 시작해 감정의 변화와 움직임을 색과 형태로 자유롭게 표현해 봅니다.

성찰 단계(Q&A)

Q. 그림 속에서 반복적으로 나타난 색이나 형태, 선 등은 어떤 감정이나 경험과 연결되어 있나요?

A.

Q. 이 패턴은 일상생활의 어떤 상황이나 관계에서 반복되고 있었나요?

A.

Q. 작업을 하며 새롭게 인식하게 된 감정이나 반응이 있다면 무엇이었나요?

A.

Q. 이 감정 패턴을 변화시키고 싶다면, 어떤 방식으로 바꾸고 싶은가요? 그 변화는 삶에 어떤 영향을 줄 수 있을까요?

A.

Q. 감정 패턴에 변화를 시도한다는 것은 자신에게 어떤 의미를 가지나요?

A.

Supervisor Tips

- 감정의 패턴이 잘 보이지 않을 때는, 불편했던 감정을 경험했던 순간으로 천천히 돌아가 보세요. 당시의 환경, 함께 있었던 사람, 자신의 반응, 신체 감각, 감정 등을 가능한 한 구체적으로 떠올려 보는 것이 패턴을 인식하는 데 도움이 됩니다.
- 감정이 반복되거나 표현이 단조롭게 느껴질 경우, 큰 화지에 자유롭게 선을 그어 보며 손의 움직임과 감정의 에너지를 함께 느껴 보세요. 이 과정을 통해 예상하지 못했던 감정의 흐름이나 형태가 자연스럽게 나타날 수 있습니다.
- 완성된 그림 속 선, 색, 형태를 감정과 연결해 보세요. “이 곡선은 불안을 닮았어.” “이 색은 화날 때의 느낌 같아.”처럼 자신의 감정 언어로 해석해 보는 것이 패턴 이해에 도움이 됩니다.
- 그림에 덧그리거나 새로운 요소를 추가하며 수정해 보는 것도 좋습니다. 처음의 표현과 수정한 부분을 비교하면서 감정 흐름의 변화나 확장 가능성을 관찰해 보세요.
- 그림에서 드러난 감정 패턴이 일상에서 어떻게 반복되고 있었는지 돌아보고, 그 패턴이 변화한다면 어떤 방식으로 삶에 영향을 미칠 수 있을지 상상해 보세요. 이러한 탐색은 자기 이해를 넓히고 변화의 방향성을 설정하는 데 도움이 됩니다.
- 마지막으로, 이 작업을 통해 발견한 감정 반응의 패턴이 역전이와 어떤 관련이 있을지, 또 치료 세션에서 자신의 반응에 어떤 영향을 미치고 있는지를 살펴보세요. 이는 치료자로서 더 명확하고 조율된 개입을 가능하게 해 주는 중요한 통찰이 될 수 있습니다.

3 감정의 반영: 내 환경의 거울

예상 소요 시간: 약 50분

우리는 다양한 관계 속에서 정서적 반응을 경험하며 살아갑니다. 그러나 반복되는 일상 속에서 이러한 감정을 명확히 인식하지 못하거나, 내면의 긴장과 불만족이 무의식적으로 외부 상황이나 타인에게 투사되기도 합니다. 감정을 인식하고, 그것이 어떤 관계나 맥락에서 비롯되었는지를 이해하는 일은 자기이해와 수용의 중요한 과정입니다.

이번 작업에서는 손거울을 마주하듯, 자신의 현재 모습을 그려 보고, 그 안에 담긴 감정과 생각, 관계 속에서의 나를 들여다봅니다. 손거울 속에 표현된 색과 형태는 감정의 흐름과 관계의 역동을 드러내며, 자신에 대한 통찰을 더욱 깊게 확장해 줄 수 있습니다. 이를 통해 감정에 대한 감수성과 공감 능력을 한층 더 섬세하게 다듬어 갈 수 있을 것입니다.

준비 단계

- 환경: 차분한 배경 음악을 틀거나 은은한 조명을 활용하면 감정에 집중하기 좋은 분위기를 조성할 수 있습니다.
- 준비물: 연필, 색연필, 파스텔 등 감성을 표현하기에 편한 도구를 준비하세요.

작업 단계

- 시작 전, 잠시 호흡을 고르며 자신의 감정 상태에 조용히 주의를 기울여 보세요.
- 몸에 남아 있는 긴장이나 감정의 여운이 어디에 머물러 있는지 느껴 보세요.
- 눈을 뜨고 워크시트에 그려진 손거울을 바라봅니다. 그리고 평소 만나는 사람들과 마주하는 순간을 떠올리며, 그들에게 비치는 자신의 모습이 어떠하길 바라는지 한번 상상해 보세요.
- 그 순간의 생각, 감정, 느낌을 가장 잘 표현할 수 있는 색, 모양, 이미지를 떠올려 봅니다. 이는 특정 표정이나 소품과 같이 구체적인 요소일 수도 있습니다. 이를 손거울 안에 자유

롭게 표현해 보세요.

- 그림을 완성한 후, 잠시 시간을 갖고 관찰해 봅니다. 손거울에 표현된 이미지가 자신에게 어떤 감정과 생각을 불러일으키는지 생각해 보세요.

손거울 속에 비친 '내 모습'을 떠올려 보세요. 평소 관계 안에서 사람들이 나를 어떻게 느낄지, 혹은 나는 어떤 모습으로 비치고 싶은지를 상상해 보고, 그 감정과 이미지를 색과 형태로 표현해 보세요.

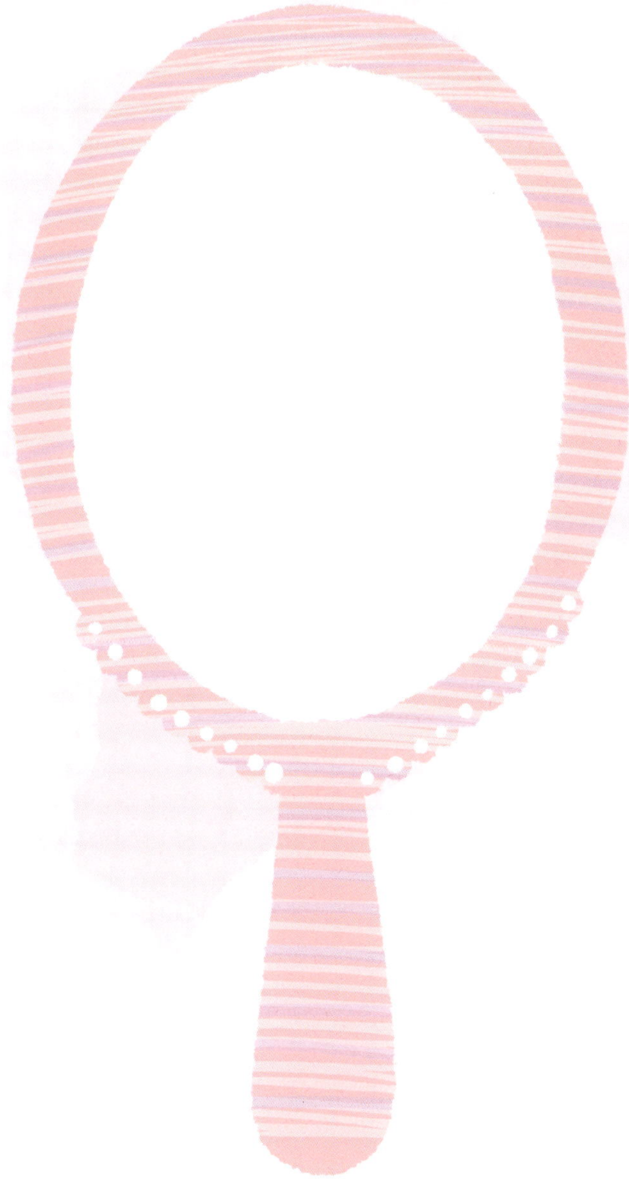

성찰 단계(Q&A)

Q. 손거울에 표현된 색이나 이미지는 나의 어떤 감정을 반영하고 있나요? 떠오른 감정 중 가장 인상 깊은 것이 있다면 무엇인가요?

A.

Q. 이 감정은 내 일상이나 관계 속에서 어떤 방식으로 나타나고 있었나요?

A.

Q. 손거울 속의 표현을 통해, 지금의 나는 어떤 '감정적 상태'에 놓여 있다고 느껴지나요? 그 상태에 대해 스스로 어떤 태도를 가지고 있나요?

A.

Q. 그림 속 이미지나 표현이 지금의 나와 어떤 관련이 있다고 느껴지나요?

A.

Q. 손거울 안의 표현 요소들 사이에 공통된 특징이나 상징이 있나요?

A.

Q. 손거울 안의 '나'가 지금의 나에게 말을 건넨다면, 어떤 메시지를 전할 것 같나요?

A.

Supervisor Tips

- 손거울 안에 이미지를 표현하는 것이 어렵게 느껴진다면, 먼저 요즘 나를 자극하는 사람이나 상황을 떠올려 보세요. 그 관계 속에서 반복되는 감정이나, 무의식적으로 투사하고 있는 마음의 결이 떠오를 수도 있습니다.
- 그림 속 인물이 누군가의 시선을 의식하고 있다면, 그 시선이 당신에게 어떤 느낌을 주는지 떠올려 보세요. 그 느낌이 반복되는 이유나, 나 스스로에게 바라고 있는 것이 있는지도 함께 생각해 보세요.
- 손거울 안에는 나의 현재 모습뿐 아니라, 타인의 시선 속에 비친 나 혹은 내가 바라는 나의 이미지가 자연스럽게 담기기도 합니다. 표현된 색, 형태, 구성 방식이 지금의 나와 어떤 관련이 있는지 조용히 짚어 보는 시간을 가져 보세요.
- 손거울 주변에 자신이 놓여 있는 환경을 그림이나 색으로 함께 표현해 보는 것도 좋은 접근입니다. 내가 현재 어떤 분위기 속에 있는지, 혹은 그 환경과 어떤 거리감을 느끼는지 살펴보세요.
- 작업을 마친 후에는 자신이 요즘 반복해서 신경 쓰고 있는 관계나 감정 또는 자신에 대한 평가나 기대가 무엇이었는지를 메모해 보세요. 이는 감정의 흐름뿐 아니라 관계 안에서의 정서적 위치를 성찰하는 데도 도움이 됩니다.
- OHP 필름, 거울 시트지, 은색 포장지 등 반사되는 재질을 활용해 작업해 보는 것도 좋습니다. 이처럼 빛을 반사하는 재료는 '나를 마주 보는' 감각을 보다 직접적으로 자극하고, 작업의 몰입도를 높이는 데 도움이 됩니다.

4 감정의 여과: 실망과 좌절을 마주할 때

예상 소요 시간: 약 45분

살다 보면 예상하지 못한 일로 인해 실망하거나 좌절하는 순간을 겪게 되기도 합니다. '일이 계획대로 되지 않을 때' 또는 '예상치 못한 문제 상황을 마주했을 때' 자신의 감정을 인식하고 수용하는 일은 자기인식과 자기조절의 중요한 과정입니다. 감정을 깊이 탐색하고 상황을 새롭게 바라보는 시도는, 감정을 명료화하고 문제에 더 유연하고 건강하게 접근하는 데 도움을 줄 수 있습니다.

이번 작업에서는 실망과 좌절의 감정을 여과 장치 상단의 원에, 그리고 바라거나 바꾸고 싶은 마음을 하단의 원에 표현해 봅니다. 감정의 흐름과 대처의 방식을 차분히 들여다보며, 자신을 보다 깊이 이해하는 시간을 가져 보세요.

준비 단계

- 환경: 방해받지 않는 조용한 공간에서 작업을 진행해 주세요.
- 준비물: 연필, 색연필, 사인펜, 크레파스 등 감정을 표현하기에 편안한 드로잉 도구를 준비해 주세요.

작업 단계

- 편안한 자세로 앉아 눈을 감고, 가슴의 오르내림에 집중합니다. 천천히 깊게 숨을 세 번 내쉬며 몸과 마음을 이완합니다.
- 최근 경험한 실망이나 좌절의 상황을 떠올려 보세요. 그때의 상황이 어떤 감정으로 느껴지는지, 나의 몸 어디에 긴장이나 불편함으로 남아 있는지 느껴 봅니다.
- 이러한 감정이나 신체적 감각을 표현하기 위한 색, 모양, 이미지를 떠올려 보세요. 눈을 뜨고 여과 장치 상단의 원 안에 자유롭게 표현해 봅니다.
- 그림을 한 걸음 떨어져 바라보며, '이 경험이 내게 던지는 메시지는 무엇인가?' '여기서 발

견할 수 있는 자원이나 새로운 시각은 무엇인가?'를 떠올려 보세요.

- 이어서 여과 장치 하단에는 감정과 생각을 정제한 뒤 얻은 새로운 관점이나 희망적 메시지를 표현해 보세요. 단어나 짧은 문장, 이미지 모두 가능합니다.
- 그림을 완성한 후, 그림에서 느껴지는 감정이나 메시지를 자신에게 설명해 봅니다.

최근에 경험한 실망이나 좌절의 경험에서 느낀 감정이나 신체적 감각 등을 여과 장치 상단의 원에 표현한 뒤, 그림을 바라보며 이 경험이 전해 주는 메시지를 떠올려 보세요. 이어서 여과 장치 하단의 원에는 새롭게 얻은 관점이나 희망의 메시지를 담아 보세요.

성찰 단계(Q&A)

Q. 완성한 그림을 보면서 어떤 감정이 드나요? 그림에 표현한 실망과 좌절의 경험들이 현재는 어떻게 느껴지나요?

A.

Q. 그림 속에서 불편함이나 긴장감을 느끼는 부분이 있나요? 그렇게 느껴지는 이유는 무엇이라고 생각하나요?

A.

Q. 그림에 표현한 실망과 좌절의 경험이 반복된 패턴으로 나타나고 있나요? 그렇다면 과거의 어떤 경험과 연결되어 있다고 생각하나요?

A.

Q. 이번 작업을 통해 실망과 좌절에 대해 새롭게 깨달은 점이나 떠오른 메시지가 있다면, 무엇인가요?

A.

Q. 실망과 좌절을 마주할 때, 대처 방식을 변화시키거나 개선하고 싶은가요? 구체적인 방법이나 앞으로 시도해 보고 싶은 접근이 있다면 자유롭게 적어 보세요.

A.

Supervisor Tips

- 실망과 좌절의 경험으로 느낀 감정이나 신체 감각을 그림으로 표현하기 어렵다면, 먼저 색으로 표현해 보세요. 그 색을 바라보다가 떠오르는 이미지가 있다면, 자연스럽게 선과 형태로 펼쳐보듯 표현해 봅니다.
- 구체적인 실망과 좌절 경험을 떠올리는 것이 어렵다면, 잡지나 신문 등의 인쇄물 이미지를 활용해도 좋습니다. 자신의 경험과 비슷한 이미지를 찾아 색상, 선, 형태로 감정을 표현해 보세요.
- 여과 장치를 통해 감정을 정리해 보았나요? 감정을 표현한 뒤에도 내면에 긴장감이 남아 있다면, 이제는 나를 회복시켜 줄 이미지를 새롭게 구성해 보세요. 최근에 느꼈던 성취감이나 따뜻한 순간을 떠올려, 색이나 형태로 자유롭게 표현해 봅니다. 그 안에 담긴 나의 바람이나 의도도 함께 적어 보세요.
- 우리가 의식적으로 감정을 인식하고, 표현하며, 해소하는 과정은 감정, 사고, 행동에 지속적인 영향을 미칩니다. 이러한 과정을 통해 감정의 폭을 넓히고, 보다 적응적이고 긍정적인 반응 방식을 형성하는 데 도움을 얻을 수 있습니다.

5 성취의 순간: 보람 있는 순간과 그 의미

예상 소요 시간: 약 45분

누구나 인생에서 한 번쯤은 성취의 순간을 경험합니다. 처음부터 목표한 대로 완벽히 이루어지진 않더라도, 노력과 도전을 거듭하다 보면 어느새 작은 성취의 순간에 도달하게 됩니다. 사람마다 성취의 모습은 다르지만, 그 순간만큼은 우리의 삶을 빛나게 하고, 달콤한 기쁨과 보람을 느끼게 해 줍니다.

성취는 자기 능력을 발휘해 목표를 이루려는 내적인 욕구에서 비롯되며, 이때의 감정을 알아차리는 일은 자기이해와 자기성장을 위한 중요한 과정입니다. 지금 이 순간, 성취와 관련된 감정에 주의를 기울여 보는 것은 내가 무엇을 원하는지, 어떤 방향으로 나아가야 하는지에 대한 중요한 단서를 제공해 줄 수 있습니다. 성취 경험을 떠올리며, 그 안에 담긴 감정과 의미를 차분히 되짚어 보는 시간을 가져 보세요.

준비 단계

- 환경: 조용하고 방해받지 않는 공간에서 차분한 배경 음악을 틀어 주세요.
- 준비물: 연필, 지우개, 색연필, 크레파스, 파스텔 등 다양한 색을 표현할 수 있는 드로잉 도구를 준비하세요.

작업 단계

- 워크시트에는 나만의 무대가 준비되어 있습니다. 나에게 설렘, 뿌듯함, 만족감, 보람, 성취감을 안겨 준 한 장면을 마음속에 떠올려 보세요.
- 눈을 감고 천천히 심호흡합니다. 들숨과 날숨에 따라 가슴이 오르내리는 감각에 집중하며, 몸과 마음이 자연스럽게 연결되는 느낌을 차분히 느껴 봅니다.
- 이제 눈을 뜨고, 떠올린 장면 속 감정을 떠올려 보세요. 그 감정에 어울리는 색을 고르고, 워크시트 속 무대 위에 그 감정을 펼치듯 표현해 봅니다.

- 꼭 사실 그대로 재현하지 않아도 괜찮습니다. 기억의 인상, 감정의 분위기, 그 순간의 에너지를 나만의 방식으로 자유롭게 표현해 보세요.
- 그림을 완성한 뒤에는 잠시 거리를 두고 바라보며, 표현된 이미지와 색, 형태가 나에게 어떤 메시지를 건네고 있는지 조용히 느껴 보세요.

무대 위에 당신의 성취 장면을 표현해 보세요. 관객이 아닌, 오직 나 자신이 바라보는 순간에 집중해 봅니다.

마음속 무대의 조명이 켜집니다. 가장 빛나던 성취의 순간을 자유롭게 펼쳐 보세요.

성찰 단계(Q&A)

Q. 그림 속에 표현된 장면이 지금의 나에게 어떤 의미로 다가오나요? 그 경험은 내 삶의 방향이나 행동에 어떤 영향을 주었나요?

A.

Q. 이 그림에서 표현된 것과 유사한 감정을 경험한 적이 있나요? 그렇다면 언제, 어떤 상황이었나요?

A.

Q. 성취의 순간을 영화로 제작한다면 어떤 제목을 붙이고 싶은가요? 그 제목에는 어떤 메시지나 감정이 담겨 있나요?

A.

Q. 성취의 순간을 다시 경험하기 위해 나에게 필요한 것은 무엇인가요? 그것이 왜 중요한지, 나에게 어떤 의미가 있는지 구체적으로 적어 보세요.

A.

Q. 지금 이 순간, 당신이 가장 바라는 성취의 장면을 떠올려 보세요. 어떤 상황이 떠오르나요? 그 장면을 구체적으로 묘사해 보세요.

A.

Supervisor Tips

- 워크시트에 담긴 무대는 '성취의 장면'을 상징적으로 표현하기 위한 공간입니다. 내가 주인공이 되어 스포트라이트를 받는 장면을 상상하며, 감정과 기억, 에너지를 이 공간에 담아 보는 방식으로 접근해 보세요.
- 무대라고 해서 반드시 공연처럼 드라마틱할 필요는 없습니다. 혼자 느낀 조용한 성취, 마음속의 소중한 변화도 이 무대의 중심이 될 수 있습니다.
- 무대 위라는 설정은 나를 관찰자이자 주인공으로 바라볼 수 있게 도와줍니다. 장면을 거리 두고 볼 수 있어 감정의 흐름이나 의미를 더 깊이 탐색할 수 있습니다.
- 성취 장면을 바로 떠올리기 어렵다면, 먼저 '최근에 내가 잘 해냈다고 느낀 일은 무엇인가?' '누군가에게 칭찬을 받았던 순간은 언제였나?'와 같은 질문을 스스로에게 던져 보며 기억의 실마리를 찾아보세요.
- 장면이 떠올랐다면, 그 순간의 '공기' '색감' '소리' '표정' '몸의 느낌'을 천천히 떠올려 보세요. 감각이 구체화될수록 표현도 더 자연스럽게 이어질 수 있습니다.
- 꼭 특별한 사건이 아니어도 괜찮습니다. 누군가에게서 들은 의미 있었던 말, 혼자 느꼈던 뿌듯함, 오랜 시간 쌓아 온 작은 노력이 만들어 낸 순간처럼, 작고 사적인 성취도 충분히 표현할 가치가 있습니다.
- 그림을 완성한 뒤에는 그 장면이 왜 인상 깊었는지, 나에게 어떤 감정과 의미로 남아 있는지를 스스로에게 물어보세요. 단순한 기억을 넘어, 그 안에 담긴 메시지를 바라보는 시간이 이 작업의 핵심입니다.
- 또한 앞으로 이루고 싶은 성취를 상상해 보는 것도 좋습니다. 단순한 목표를 그리는 것보다, 그 순간에 무엇을 하고 있을지, 어떤 표정을 짓고 있을지, 누구와 함께 있을지를 떠올려 보세요. 그 장면을 구체적으로 그려 보며, 그 성취가 왜 나에게 의미 있는지를 깊이 들여다볼 수 있습니다.

6 자기자비: 감정의 저울

예상 소요 시간: 약 45분

살다 보면 누구나 예상하지 못한 어려움에 마주하게 됩니다. 그럴 때 많은 사람은 자신을 탓하거나 남과 비교하며, 유독 자신만 더 힘들다고 느끼곤 합니다. 이러한 감정은 스스로를 비관하게 만들고, 일어나지 않은 일에 대한 걱정으로까지 이어져 신체적 · 정신적으로 많은 에너지를 소모하게 합니다.

자신의 고민과 시행착오를 되돌아보고, 그때 느꼈던 혼란스러운 감정을 명확하게 인식하고 자연스럽게 받아들이는 과정은 자기이해와 자기존중을 위해 매우 중요한 경험입니다. 감정을 객관적으로 바라보는 연습은 한쪽으로 기울기 쉬운 감정의 추를 균형 있게 되돌려 주고, 결국 자신에게 가장 따뜻한 지지와 격려를 건넬 수 있는 힘이 되어 줍니다.

감정을 저울 위에 올려놓고 바라보는 이 시간은, 지금 이 자리의 나를 있는 그대로 받아들이는, 조용하고 깊은 연습이 될 수 있습니다.

준비 단계

- 환경: 조용하고 방해받지 않는 안전한 공간에서 차분한 배경 음악을 틀어 주세요.
- 준비물: 색연필, 크레파스, 파스텔, 물감 등 다양한 색과 질감을 표현할 수 있는 드로잉 도구를 준비하세요.

작업 단계

- 눈을 감고 천천히 깊게 호흡해 보세요. 숨이 들어오고 나갈 때마다 가슴이 오르내리는 감각에 집중하며, 호흡이 편안해질 때까지 이어가 봅니다.
- 최근 자주 떠오르는 걱정이나 근심, 고통을 떠올려 보세요. 그 상황과 감정을 저울의 왼쪽에 그려 봅니다.
- 그림을 바라보며, 그리는 동안 떠올랐던 감정이 내 몸에 어떤 반응을 일으키는지 살펴보세

요. 그 감정은 지금 내 몸의 어느 부위에서 불편감이나 긴장감으로 느껴지나요?

- 눈을 뜨고 신체 감각에 잠시 집중한 뒤, 이번에는 저울의 오른쪽에 자신에게 긍정적인 영향을 준 기억이나 위로가 되었던 순간들, 또는 내면의 자원들을 자유롭게 표현해 보세요.
- 그림을 완성한 후, 그리면서 느꼈던 감정과 떠오른 생각을 차분히 적어 보세요. 걱정과 회복의 이미지들이 지금 이 순간 어떻게 균형을 이루고 있는지, 그림 속 흐름과 나의 마음을 연결 지어 들여다봅니다.

저울의 왼쪽에는 요즘 자주 떠오르는 걱정과 근심을, 저울의 오른쪽에는 나를 지지해 준 기억이나 내면의 자원을 담아 보세요. 지금 이 순간, 마음의 무게는 어디에 더 많이 머물고 있나요?

이번 저울에는 앞으로 나를 균형 있게 지탱해 줄 감정을 담아 보세요. 왼쪽에는 나를 흔드는 불안감이나 기대, 오른쪽에는 나를 회복시켜 줄 자원과 마음을 표현해 봅니다.

성찰 단계(Q&A)

Q. 저울의 왼쪽에 표현한 걱정이나 근심은 나에게 어떤 영향을 주었나요? 그 감정을 있는 그대로 바라보고 인정하는 데 어려움은 없었나요?

A.

Q. 저울의 오른쪽에 담긴 긍정적인 기억과 자원은 나에게 어떤 도움을 주었나요? 그 순간들을 통해 내가 나 자신을 어떻게 위로하고 지지할 수 있었는지 떠올려 보세요.

A.

Q. 그림을 그리면서 마음이 가벼워지거나 따뜻해졌던 순간이 있었다면, 그건 언제였나요? 어떤 부분이 그렇게 느끼게 했는지도 함께 떠올려 보세요.

A.

Q. 이 작업을 통해 나 자신에 대해 조금 더 이해하게 된 부분이 있다면 무엇인가요?

A.

Q. 앞으로 내 감정을 조금 더 편안하게 받아들이기 위해, 일상에서 어떤 작은 연습을 해 볼 수 있을까요?

A.

Supervisor Tips

- 파스텔이나 물감처럼 부드럽고 통제가 낮은 매체를 사용해, 지금 느끼는 감정을 색으로 펼쳐 보세요. 색은 감정의 결과 깊이를 말보다 먼저 전해 주는 매개가 될 수 있습니다.
- 그림을 그릴 때 느껴지는 감정과 생각을 있는 그대로 표현해 보세요. 표현이 자유로울수록 감정에 더 가까이 다가갈 수 있고, 스스로를 이해하고 받아들이는 데 큰 힘이 됩니다.
- 최근 나를 무겁게 만들었던 걱정이나 마음의 짐을 떠올려 보세요. 그 안에 담긴 기대, 두려움, 바람들을 색이나 이미지로 조심스레 옮겨 봅니다. 이 과정은 감정을 조금 더 부드럽고 넓은 시야로 바라보는 데 도움이 됩니다.
- 가슴 깊숙이 자리한 작은 유리구슬을 상상해 보세요. 이 구슬이 부정적인 생각이나 감정의 소용돌이 속에서 나를 중심에 단단히 붙잡아 주는 역할을 한다고 생각해 보세요. 그 이미지를 그림으로 표현해 보면, 편안함과 안정감을 느낄 수 있습니다.
- 감정을 인식하고 살펴보는 경험은 자기 자신에 대한 신뢰를 회복하는 데 도움이 됩니다. 이런 신뢰는 나와 타인의 관계를 더 따뜻하고 균형 있게 이어 주는 힘이 됩니다.
- 감정을 이해하고 돌보는 연습을 통해, 삶의 방향과 태도에 조금씩 긍정적인 변화가 생길 수 있습니다. 이 과정을 통해 지금 여기의 나를 따뜻하게 바라보는 시간을 가져 보세요.

Chapter 3

내면의 조율:
나와의 대화

우리는 살아가며 끊임없이 자신과 대화를 나눕니다. 이 챕터에서는 내면에 존재하는 다양한 자아의 목소리에 귀 기울이고, 그 속에 담긴 감정과 욕구를 섬세하게 들여다봅니다.

진솔한 자기대화를 통해 깊이 감춰진 감정의 무게를 마주하고, 나의 바람과 내면의 요구가 어떤 모습으로 드러나는지 살펴봅니다. 또한 스트레스와 에너지의 흐름을 인식하며, 내 삶의 리듬에 맞는 균형을 찾아 가는 과정을 경험하게 됩니다. 이 여정은 단순한 자기이해를 넘어, 내면과의 관계를 조율하며 스스로를 지탱하는 힘을 키워 가는 과정이 될 것입니다.

1. 다양한 자아: 페르소나 탐색하기
2. 내면의 무게: 깊은 감정 이해하기
3. 내면과의 소통: 나의 어려움과 대화하기
4. 나의 바람: 소망과 욕구의 인정
5. 본질적인 요구사항: 나의 'must'와 그 의미
6. 스트레스 조절: 효과적인 관리 전략 탐색하기
7. 에너지 관리: 소진 방지와 회복

1 다양한 자아: 페르소나 탐색하기

예상 소요 시간: 약 50분

우리의 삶은 마치 영화 속 연속되는 필름 조각처럼 이어지며, 각 장면은 예상치 못한 경험들로 가득합니다. 아무리 계획하고 통제하려 해도, 상황은 종종 우리의 의지와 무관하게 흘러가고, 때로는 압도감과 혼란을 느끼게 됩니다. 이런 복잡한 삶 속에서 자신의 다양한 자아, 즉 페르소나를 인식하고 받아들이는 과정은 내면의 유연성을 기르고 정서적 회복력을 키우는 데 중요한 역할을 합니다.

우리는 사회적 맥락에 따라 다양한 모습을 드러내며, 그 모습은 끊임없이 변화합니다. 관계 속에서 드러나는 나의 모습들을 표현해 보며, 각기 다른 상황에서 어떤 자아가 등장하는지 살펴보고, 그 모습 속 감정과 반응을 탐색해 봅니다. 이 과정을 통해 내가 누구인지, 어떤 방식으로 세상과 관계 맺고 있는지를 보다 깊이 이해할 수 있을 것입니다.

준비 단계

- 환경: 조용하고 방해받지 않는 공간에서, 필요하다면 차분한 배경 음악을 틀어 주세요.
- 준비물: 색연필, 마커, 물감 등 감정과 이미지를 자유롭게 표현할 수 있는 드로잉 도구를 준비하세요.

작업 단계

- 편안한 자세로 앉아 눈을 감고, 천천히 길게 숨을 쉬며 몸과 마음의 긴장을 풀어 줍니다.
- 숨이 가슴과 배로 부드럽게 드나드는 것을 느끼며, 점차 내면이 안정되는 감각에 집중해 보세요.
- 워크시트를 앞에 두고, 관계 속에서 자주 드러나는 나의 모습들을 떠올려 봅니다.
- 각 모습에 담긴 표정, 감정, 반응을 색, 선, 모양으로 자유롭게 표현해 보세요.
- 하나하나의 모습에 이름을 붙이고, 그 모습으로 있을 때 느끼는 감정이나 생각을 간단히

적어 봅니다.

- 그림을 완성한 후, 잠시 거리를 두고 바라보세요. 그림이 어떻게 느껴지는지 스스로에게 이야기해 보세요.

각 얼굴에 관계 속에서 드러나는 나의 다양한 모습을 표현해 보세요. 떠오르는 역할이나 감정을 자유롭게 담으며, 지금의 나를 마주해 봅니다.

성찰 단계(Q&A)

Q. 일상에서 자주 드러내는 나의 모습은 어떤가요?

A.

Q. 가장 편안하게 느껴지는 나의 모습은 어떤가요?

A.

Q. 반대로, 가장 어색하거나 불편한 모습은 무엇인가요?

A.

Q. 앞서 말한 불편한 모습으로 있을 때와 그렇지 않을 때, 감정적으로 어떤 차이를 느끼나요?

A.

Q. 이런 다양한 모습들을 가진 것이 나에게 어떤 의미가 있나요?

A.

Q. 지금은 잠시 내려놓고 싶은 모습이 있다면, 어떤 모습이고 그 이유는 무엇인가요?

A.

Supervisor Tips

- 반드시 실제 표정을 그릴 필요는 없습니다. 특정 상황에서 느꼈던 감정과 분위기를 색, 선, 형태로 자유롭게 워크시트의 얼굴에 담아 보세요. 이 과정은 감정을 인식하고, 내면의 모습을 구체적으로 드러내는 데 도움을 줍니다.
- 하나의 얼굴 안에 여러 감정이나 모습이 함께 나타나도 괜찮습니다. 나의 모습은 고정되지 않으며, 복합적인 표현 또한 자연스럽고 의미 있는 작업이 될 수 있습니다.
- 그림을 바라보며 자신에게 어떤 감정이 떠오르는지 느껴 봅니다. 이런 감정들은 특정 상황에서 나타나는 내면의 반응을 보여 주며, 이를 인식하는 것은 자기이해의 중요한 출발점이 됩니다.
- 변화가 필요하다고 느껴지는 모습이 있다면, 구체적으로 어떤 부분을 어떻게 바꾸고 싶은지 작성해 봅니다. 그 변화가 감정이나 관계에 미칠 영향을 상상해 보고, 이를 실생활에서의 작은 실천으로 연결해 보세요.

2 내면의 무게: 깊은 감정 이해하기

예상 소요 시간: 약 50분

우리의 삶은 마치 바다와도 같습니다. 잔잔한 순간도 있지만, 때로는 예기치 못한 거친 파도에 휩싸일 때도 있습니다. 감정의 파도 속에 있을 때는 마음의 목소리가 들리지 않아 혼란과 두려움이 찾아오곤 합니다. 그 감정에서 벗어나려 애쓰다 보면, 오히려 삶이 더욱 복잡하게 느껴지기도 합니다.

자신의 내면에 잠재된 깊은 감정을 발견하고 이해하는 과정은 진정한 나를 알아 가는 중요한 여정입니다. 기쁨이든 슬픔이든, 희노애락의 모든 감정은 나의 일부이며, 그 순간 느끼는 감정을 거부하지 않고 그대로 받아들이는 것이 필요합니다. 그 감정이 왜 일어났는지 탐구하는 순간부터 자신을 이해하는 여정이 시작됩니다. 일상 속에서 내면의 소리에 집중하며 나 자신과 대화를 나눠 보세요. 이 과정은 깊은 자기이해와 내면의 평화를 동시에 가져다줄 것입니다.

준비 단계

- 환경: 조용하고 방해받지 않는 공간에서 차분한 배경 음악을 틀어 주세요.
- 준비물: 연필, 지우개, 색연필, 크레파스, 마커 등 다양한 색을 표현할 수 있는 드로잉 도구를 준비하세요.

작업 단계

- 마음 한켠에 남아 있는 화, 억울함, 슬픔 등 감정을 떠올리게 한 순간을 생각해 보세요.
- 눈을 감고 천천히, 깊게 호흡해 보세요. 숨을 들이마시고 내쉬면서 가슴의 움직임을 느껴 보세요. 충분히 편안해질 때까지 이 호흡을 이어 갑니다.
- 워크시트에는 다양한 크기의 서랍이 있습니다. 눈을 뜨고, 가장 강렬하게 떠오르는 장면을 떠올리세요. 그 장면과 연결된 감정을 한 가지 색으로 선택해 서랍 안을 채워 보세요. 다른

색과 섞이거나, 형태나 이미지로도 나타날 수 있습니다.

- 이제 자기 내면의 깊은 감정을 살펴볼 것입니다. 질문들을 차례로 따라가며 나와 대화를 나누어 보세요.

이 서랍은 마음속에 담아 두었던 감정과 기억을 꺼내어 표현해 보는 공간입니다. 떠오르는 장면을 떠올리며, 그때의 감정을 색이나 이미지로 담아 보세요.

성찰 단계(Q&A)

Q. 그림에 표현된 장면은 어떤 상황이었나요? 그 상황을 구체적으로 떠올려 보세요.

A.

Q. 그 상황에서 주변에는 누군가가 있었나요? 자신의 표정이나 행동은 어땠나요?

A.

Q. 그때 느꼈던 감정을 자유롭게 적어 보세요. 단어나 짧은 문장, 어떤 형태든 괜찮습니다.

A.

Q. 그 상황에서 내 마음이 그렇게 반응한 이유는 무엇이라고 느껴지나요?

A.

Q. 처음 서랍을 채울 때 떠올랐던 감정과 지금 느껴지는 감정은 어떤가요? 비슷한가요, 아니면 달라졌나요? 그렇다면 그 이유는 무엇일까요?

A.

Q. 만약 그때로 다시 돌아간다면, 하고 싶은 말이나 바랐던 상황이 있나요? 이곳에 자유롭게 적어 보세요.

A.

Supervisor Tips

- 서랍을 채우는 데 어려움이 있다면, 부담이 덜 느껴지는 가장 작은 칸을 먼저 선택해서 시작해 보세요. 편안한 색으로 채우면서 색에 집중해 보세요. 그 과정에서 떠오르는 심상이나 감정이 있을 수 있습니다. 천천히 그 감정에 몰입하며 서랍을 하나씩 채워 나가도 좋습니다.
- 모든 서랍을 채우지 않아도 괜찮습니다. 중요한 것은 지금 떠오르는 감정을 있는 그대로 인식하고, 그것을 색이나 이미지로 표현해 보는 경험 자체에 의미가 있습니다. 이 과정을 통해 감정의 흐름을 더 명확히 이해하고, 내면을 돌아보는 시간이 될 수 있습니다.
- 그림이 완성된 후, 감정이 표현된 위치나 면적을 천천히 살펴보세요. 감정이 가장 크게 표현된 곳은 어디인가요? 혹은 가장 작게, 가장 깊숙한 곳에 담긴 감정은 무엇인가요? 그 위치와 크기를 바라보며, 감정의 무게나 흐름을 느껴 보세요.
- 만약 특정 서랍의 위치나 크기를 바꾸고 싶다는 생각이 든다면, 그 이유를 워크시트의 빈 공간에 적어 보세요. '무엇을, 왜 바꾸고 싶은지'를 알아차리는 과정은, 지금 자신의 내면에서 무엇이 불편하거나 부담되는지를 인식하는 데 도움이 됩니다. 이러한 감정의 자각은 감정 조절과 자기이해로 이어질 수 있습니다.

3 내면과의 소통: 나의 어려움과 대화하기

예상 소요 시간: 약 50분

우리는 때때로 과거나 현재의 어려운 상황에 직면할 때 부정적인 감정과 생각에 휩싸입니다. 이는 신체적 불편함으로도 나타납니다. 이러한 경험은 모든 이에게 자연스러운 과정입니다.

중요한 것은 이 순간을 피하지 않고, 오히려 내면과 소통하는 기회로 삼는 것입니다. 자신의 감정을 판단하지 말고 있는 그대로 바라보세요. 감정을 이미지로 떠올려 보거나 마음속으로 대화를 나누어 보는 것도 좋은 방법입니다. 이를 통해 그동안 외면했던 깊은 감정을 성찰하고, 자신을 더 잘 이해할 수 있습니다. 이 과정은 처음에는 어색할 수 있지만, 꾸준히 실천하면 자기이해와 수용의 능력이 점차 향상될 것입니다.

준비 단계

- 환경: 조용하고 방해받지 않는 공간에서 차분한 배경 음악을 틀어 주세요.
- 준비물: 색연필, 크레파스 등 다양한 색을 표현할 수 있는 드로잉 도구를 준비하세요.

작업 단계

- 워크시트의 사람 그림을 잠시 바라보세요.
- 눈을 감고, 원하지 않는 상황이나 감정을 떠올려 보세요.
- 그때 느껴지는 불쾌감이나 고통이 신체의 어느 부위에서 느껴지는지 집중해 보세요.
- 눈을 뜨고, 앞서 느낀 긴장, 스트레스, 불편함 또는 고통을 색, 선, 형태로 상상해 보세요.
- 상상한 색, 선, 형태를 사람 그림에 표현해 보세요. 모든 부위를 채울 필요는 없습니다.
- 그림에 표현된 각 색, 선, 형태가 어떤 감정을 나타내는지 워크시트의 메모칸에 자유롭게 적어 보세요. 어떤 내용이라도 상관없습니다. 떠오르는 대로 적어 보세요.
- 완성된 그림을 다시 한번 자세히 살펴보세요. 이 그림이 어떤 느낌을 주나요? 그 느낌에 대해 생각해 보세요.

잠시 눈을 감고, 최근의 불편했던 감정이나 상황을 떠올려 보세요. 그때 느껴졌던 신체 감각을 떠올리며, 색과 선, 형태로 표현해 봅니다.

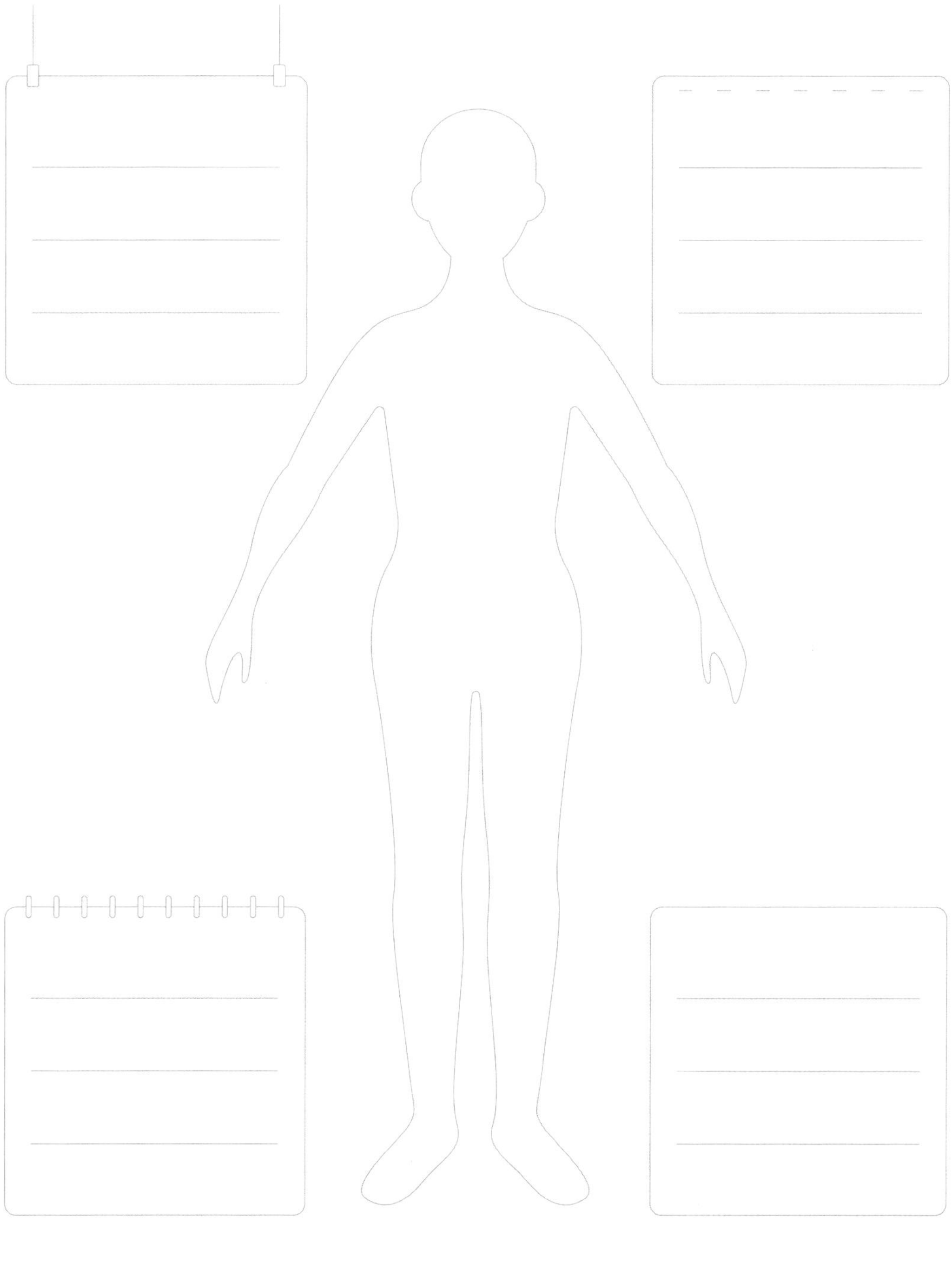

성찰 단계(Q&A)

Q. 내가 불쾌감과 고통을 느낀 신체 부위는 어디인가요? 각 부위별로 생각해 보세요.

A.

Q. 신체의 불쾌감과 고통을 자주 경험하나요? 그렇다면, 그 증상이 반복되는 이유는 무엇이라고 생각하나요?

A.

Q. 신체의 불쾌감과 고통을 느꼈을 때, 내가 바라는 점은 무엇인가요?

A.

Q. 신체의 불쾌감과 고통을 느낄 때, 어떻게 대처하는 것이 가장 효과적이라고 생각하나요?

A.

Q. 이럴 때 주변에 도움을 청하고 싶은 마음이 드나요? 도움을 요청한다면 어떤 방식이 가장 편할 것 같나요?

A.

Q. 도움을 청하기 위한 방법들을 모두 적어 보세요. 그리고 각 방법이 실제로 가능한지 생각해 본 후, 우선순위를 매겨 보세요.

A.

Supervisor Tips

- 불쾌감과 고통을 표현할 때, 강한 필압이나 진한 색상뿐만 아니라 가벼운 터치나 연한 색도 활용해 보세요. 때로는 미묘한 감정 속에 중요한 메시지가 담겨 있을 수 있습니다.
- 그림을 그리면서 각 신체 부위에서 느껴지는 감각과 그에 연관된 감정을 함께 탐색해 보세요. 예를 들어, '어깨가 무겁다=책임감에 대한 부담'과 같이 연결 지어 볼 수 있습니다.
- 신체의 불쾌감과 고통을 느낄 때 자신의 삶에서 어떤 일이 일어나고 있는지 살펴보세요. 감정적으로 느끼는 것과는 다르게 말하거나 행동하고 있지는 않은가요? 그것이 자신에게 어떤 의미인지 적어 보세요.
- 완성된 그림을 바라보며, 그 그림이 나에게 어떤 말을 하고 있는지 상상해 보세요. 이는 자기 내면과 대화를 나누는 효과적인 방법이 될 수 있습니다.
- 그림을 통해 발견한 불편함이나 고통에 대해 어떻게 대처하고 싶은지 생각해 보세요. 작은 변화나 시도라도 괜찮습니다. 이를 통해 자기돌봄의 첫걸음을 뗄 수 있습니다.
- 그림이나 떠오른 생각들에 대해 좋고 나쁨을 판단하지 마세요. 모든 표현은 자기 내면의 중요한 일부입니다. 있는 그대로 받아들이는 연습을 해 보세요.

4 나의 바람: 소망과 욕구의 인정

예상 소요 시간: 약 50분

인간은 누구나 무언가를 원하고, 얻고자 하며, 성공과 성취를 바랍니다. 하지만 그 바람이 진정한 자아실현을 위한 것인지, 아니면 결핍이나 외부 압박에서 비롯된 것인지 구분하는 것은 쉽지 않습니다. 때로는 현 상황을 벗어나거나 인정받기 위해 무언가를 추구하다 보면, 그것을 이루지 못할까 봐 불안해하고 조바심을 내기도 합니다.

욕구는 본능적이고 자연스러운 현상이며, 우리의 재능과 잠재력을 발휘하는 원동력이 되기도 합니다. 따라서 내재된 소망과 욕구를 명확히 인식하고 구체화하는 과정은 매우 중요합니다. 이를 통해 현실적인 목표를 세우고 단계적으로 성취해 나갈 수 있는 방법을 찾을 수 있습니다.

준비 단계

- 환경: 조용하고 방해받지 않는 공간에서 차분한 배경 음악을 틀어 주세요.
- 준비물: 색연필, 마커, 크레파스, 물감 등 다양한 색을 표현할 수 있는 드로잉 도구를 준비하세요.

작업 단계

- 편안한 자세로 앉아 눈을 감고 천천히 길게 심호흡을 세 번 해 보세요. 몸속으로 공기가 드나드는 것을 느껴 봅니다.
- 나의 내면에 귀 기울이며, 진정으로 원하는 것들을 떠올려 보세요.
- 눈을 뜨고, 워크시트에 있는 트로피 그림을 바라보세요.
- 이 트로피가 나의 가장 큰 소망이나 목표를 상징한다고 상상해 보세요.
- 트로피에 내가 바라는 타이틀, 이름, 날짜, 내용을 구체적으로 적어 보세요.
- 색연필이나 마커를 사용해 트로피를 자유롭게 꾸며 보세요. 색, 패턴, 심볼 등을 활용해 자

신의 소망을 구체적으로 표현하세요.

- 완성된 트로피를 잠시 바라보세요. 어떤 생각이나 감정이 떠오르나요? 이 그림에 대해 가장 잘 설명할 수 있는 문장들을 적어 보세요.

지금의 나에게 가장 간절한 소망이나 목표를 떠올려 보세요. 그 바람을 색, 이미지 또는 문장으로 자유롭게 표현해 보세요.

성찰 단계(Q&A)

Q. 나의 소망이 적힌 트로피를 보면 어떤 감정이 느껴지나요? (예: 기쁨, 설렘, 조급함, 두려움, 걱정 등)

A.

Q. 이 소망이 나에게 어떤 의미를 가지나요? 이 소망은 나의 어떤 가치관이나 신념을 반영하고 있나요?

A.

Q. 이 소망을 실현하기 위해 현재 가장 필요한 것은 무엇인가요? (예: 환경적 요소, 개인적 역량, 마음가짐 등)

A.

Q. 이 소망을 실현하기 위해 시도해 볼 수 있는 작은 변화나 행동은 무엇이 있을까요?

A.

Q. 이 소망이 이루어진다면, 나의 삶에는 어떤 변화가 생길 것 같나요? 그 장면을 구체적으로 상상해 보세요.

A.

Q. 이 소망을 향해 나아가는 데 방해 요소가 있나요? 있다면 무엇이고, 왜 방해가 된다고 생각하나요?

A.

Q. 이 소망을 이루기 위해, 지금의 나에게 해 주고 싶은 한마디가 있다면 어떤 말일까요?

A.

Supervisor Tips

- 소망을 떠올리는 일이 생각보다 막막하게 느껴질 수 있습니다. 그럴 때는 내가 바라는 장면이나 상황을 떠올릴 수 있는 사진이나 그림, 이야기 속 한 장면 등을 참고해 보는 것도 도움이 됩니다. 마음이 향하는 방향을 더 분명히 느낄 수 있게 해 줄 것입니다.
- 여분의 종이가 있다면, 트로피를 잘라서 다른 종이에 붙이고 그 주변 장면을 자유롭게 그려 보세요. 그 상황 속에서 나의 표정은 어떤지, 어떤 행동을 하고 있는지, 함께 있는 사람이나 공간은 어떤지 상상하며 그려 보면, 내가 어떤 순간을 소망하는지 더 깊이 느낄 수 있습니다.
- 트로피 안의 내용을 채울 때는 막연한 단어나 추상적인 표현보다 내가 바라는 구체적인 순간을 떠올려 적어 보세요. 언제쯤, 누구와, 어떤 장소에서, 무엇을 이루었는지 상상해 보는 것만으로도 소망이 조금씩 더 다가올 수 있습니다.
- 트로피와 그림을 바라보며, 내가 지금 어디쯤 와 있는지, 어떤 변화가 나에게 가장 필요할지 생각해 보세요. 그것이 아주 작고 사소한 변화라 해도 괜찮습니다. 지금 떠오른 것이 곧 다음 걸음을 이끌어 줄 수 있습니다.

5 본질적인 요구사항: 나의 'must'와 그 의미

예상 소요 시간: 약 45분

삶은 예상치 못한 다양한 에피소드를 선사하고, 우리는 그 경험들을 통해 각자의 고유한 신념 체계를 형성해 나갑니다. 이 신념은 때로는 자신을 보호하고 더 나은 방향으로 나아가는 동력이 되지만, 때때로 과도한 방어가 되어 스스로를 억제하거나 상처를 주는 방식으로 작용하기도 합니다.

특히 '나는 반드시 그래야만 한다'는 강한 내면의 명령어들, 즉 각자의 'must'는 우리 삶의 많은 부분을 좌우합니다. 이런 신념은 관계와 환경에 따라 변화하고, 시간이 흐르며 다각화된 자아의 일부로 자리 잡습니다. 하지만 이러한 신념이 언제, 어떻게 형성되었는지 성찰해 보지 않으면 자신도 모르는 사이에 감정을 억누르거나 고정된 방식으로 살아가게 될 수 있습니다.

지금, 자기 안의 'must'를 들여다보고 그것이 주는 무게와 의미를 알아차리는 시간을 가져 봅니다. 감정의 움직임과 신체의 감각을 살펴보며, 무의식 깊숙이 자리한 신념과 마주해 보세요.

준비 단계

- 환경: 조용하고 방해받지 않는 공간에서 차분한 배경 음악을 틀어 주세요.
- 준비물: 색연필, 크레파스, 마커 등 다양한 색을 표현할 수 있는 드로잉 도구를 준비하세요.

작업 단계

- 편안한 자세로 앉아 눈을 감고, 천천히 호흡에 집중해 봅니다. 들이쉬는 숨이 천천히 몸을 채우고, 내쉬는 숨이 부드럽게 흘러 나가면서 몸의 긴장이 조금씩 풀리는 느낌을 느껴 보세요.
- 마음속에서 가장 낯설고 긴장되었던 순간을 떠올려 봅니다. 예를 들어, 익숙하지 않은 사람들 앞에 섰던 상황, 중요한 결정을 앞두고 책임을 감당해야 했던 경험, 감정적으로 민감한 대화 또는 준비되지 않은 상태에서 무언가를 시작해야 했던 순간 등 스스로를 긴장시켰

던 장면을 떠올려 보세요. 그때의 감정이 몸 어디에 머물러 있었나요?

- 어깨, 목, 가슴, 복부, 손끝 등 특정 부위에 느껴졌던 긴장감이나 압박을 떠올립니다. 그 감각을 색, 선, 이미지, 형태로 표현한다면 어떤 모습일까요?
- 눈을 뜨고, 빈 블록 하나하나에 신체 감각을 하나씩 표현해 봅니다.
- 표현하는 동안 떠오른 감정이나 생각이 있다면, 간단한 단어나 문장으로 적어 보세요. 정리되지 않아도 괜찮습니다. 지금 느껴지는 그대로 담아 봅니다.

당신이 느낀 긴장감이나 감정을 담는 블록입니다. 생각보다는 감각에, 해석보다는 느낌에 집중해서 표현해 보세요. (앞면)

같은 상황에서의 반대 감정이나 다른 반응을 표현해 보세요. (뒷면)

성찰 단계(Q&A)

Q. 블록 하나하나에 담긴 색과 패턴을 보고, 그 감정에 어울리는 단어나 형용사를 붙여 보세요.

A.

Q. 낯설고 긴장된 상황에서 '나는 반드시 이렇게 해야 한다'고 느꼈던 행동이나 가치는 무엇이었나요? (예: '나는 다른 사람에게 절대 피해를 주어서는 안 된다' '나는 늘 웃는 얼굴이어야 한다' 등)

A.

Q. 그 믿음이나 가치를 잠시 내려놓는다면, 어떤 일이 일어날 것 같나요?

A.

Q. 그렇게 믿고 지키려 했던 행동이나 가치가 나에게 어떤 이점을 주고 있었나요?

A.

Q. 반대로, 그것이 나에게 주는 부담이나 제약은 무엇이었나요?

A.

Q. 표현한 블록 중 바꾸거나 빼거나 추가하고 싶은 것이 있나요? 있다면, 그 이유는 무엇인가요?

A.

Supervisor Tips

- 특정 블록을 그릴 때 유난히 손이 멈추거나 불편한 감각이 들었다면, 그 블록에 자신이 놓치기 쉬운 감정이나 오래된 신념이 얽혀 있을 가능성이 있습니다. 분석하려 하지 말고, 그 불편함의 결을 인식하며 잠시 머물러 보는 것이 스스로를 이해하는 데 도움이 될 수 있습니다.
- 꼭 제시된 워크시트 형식에 얽매일 필요는 없습니다. 여분의 종이에 자신이 원하는 크기와 모양의 블록을 자유롭게 만들어 붙여 보세요. 크고 작은 블록의 차이를 느끼며, 어떤 감정이 불편하고 어떤 감정이 편안한지 관찰하는 것이 도움이 됩니다.
- 블록의 뒷면에는 반대되는 감정이나 생각, 행동을 적어 보는 것도 좋습니다. 같은 상황에서 앞면과 뒷면의 반응을 비교해 보면, 어떤 방향이 자신에게 더 자연스럽고 편안하게 느껴지는지 알 수 있고, 이를 통해 자신의 신념 구조를 보다 명확하게 이해할 수 있습니다.
- 활동 중 떠오른 기억이나 장면은 몸과 마음 어딘가에 깊이 새겨진 감정의 흔적일 수 있습니다. 그 흔적을 바꾸지는 못하더라도, 어디에 어떻게 남아 있는지를 인식하는 것만으로도 자기수용의 폭이 넓어질 수 있습니다.
- 현실에서 자신이 책임감을 가지고 있는 역할과 의무를 점검해 보세요. 혹시 과도하게 많은 짐을 지고 있지는 않은지, 타인의 기대에 지나치게 반응하고 있지는 않은지 살펴보는 것은 자기중심성을 회복하는 중요한 실마리가 됩니다.

6 스트레스 조절: 효과적인 관리 전략 탐색하기

예상 소요 시간: 약 45분

원하는 방향으로 일이 진행되지 않거나 예상치 못한 일이 발생할 때, 자신의 노력과는 반대로 원하는 결과를 얻지 못했을 때 스트레스를 받게 됩니다. 예측할 수 없는 외부 자극으로부터 오는 스트레스는 완전히 피하거나 차단할 수 없기 때문에 더 큰 위압감과 불안감을 경험하게 됩니다.

스트레스는 변화에 적응하려는 우리 몸의 자연스러운 반응입니다. 억누르거나 밀어내기보다는, 그 안에서 어떤 감정과 생각이 떠오르는지를 차분히 바라보는 것이 시작일 수 있습니다. 그 흐름을 따라가다 보면, 스트레스가 반복되는 이유를 인식하고 나에게 맞는 대처 방법을 찾을 수 있습니다.

준비 단계

- 환경: 조용하고 방해받지 않는 공간에서 차분한 배경 음악을 틀어 주세요.
- 준비물: 연필, 색연필, 사인펜 등 다양한 색을 표현할 수 있는 드로잉 도구를 준비하세요.

작업 단계

- 편안한 자세로 앉아 눈을 감고 천천히 심호흡을 해 보세요. 숨이 자연스럽게 오르내릴 때까지, 잠시 그 흐름을 따라가 보세요.
- 이제 자신에게 스트레스를 유발하는 상황을 떠올려 보세요. 대인관계 문제, 경제적 문제, 건강 문제, 업무 부담 등 다양한 요인을 생각해 볼 수 있습니다. 워크시트 아래의 세 칸(low, normal, high)에 스트레스 강도에 따라 나누어 적어 보세요.
- 다시 눈을 감고, 각 단계(low, normal, high)의 스트레스 상황을 차례로 떠올려 보세요. 각 상황에서 느껴지는 신체 감각과 감정을, 가운데에 있는 반원 모양의 계기판 그림에 색과 무늬로 표현해 보세요.

- 마지막으로, 스트레스 상황을 한 문장으로 정리해서 계기판 위 칸에 적어 보세요.
- 작업이 끝나면, 잠시 거리를 두고 완성된 계기판을 바라봅니다. 내가 표현한 스트레스의 모습과 그에 대한 나의 반응을 천천히 살펴보세요.

지금 나에게 스트레스를 주는 상황들을 떠올려 보세요. 스트레스 상황을 아래 칸에 나누어 적고, 그때의 감정과 반응은 계기판에 색과 무늬로 표현해 보세요. 마지막으로, 계기판 위 칸에 그 스트레스를 한 문장으로 정리해 보세요.

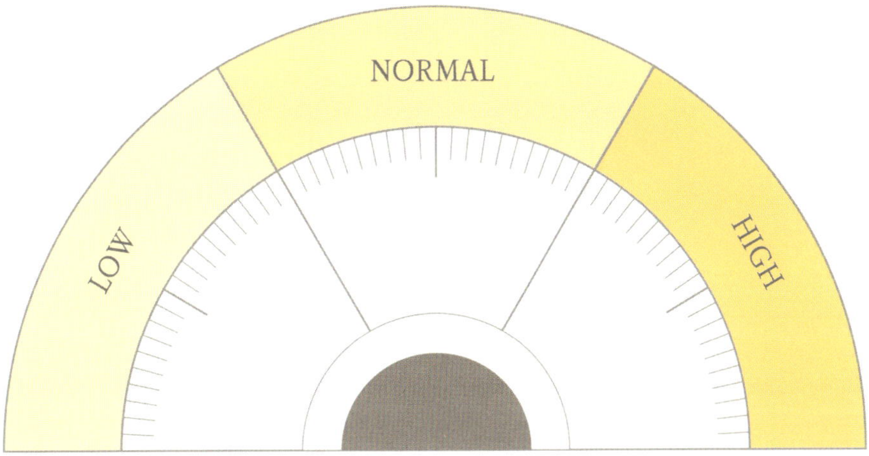

LOW

NORMAL

HIGH

성찰 단계(Q&A)

Q. 스트레스를 표현할 때 어떤 색이나 형태를 사용했나요? 그 표현을 바라보았을 때, 마음속에 어떤 감정이나 생각이 떠올랐나요?

A.

Q. 표현한 부분 중에서 특히 불편하거나 괴롭다고 느껴지는 곳이 있었나요? 그 감정은 왜 그렇게 느껴졌다고 생각하나요?

A.

Q. 스트레스 상황에 직면했을 때, 지금의 반응이나 대처 방식을 어떻게 바꾸고 싶나요? 바라는 이상적인 대응 방식이 있다면, 구체적으로 적어 보세요.

A.

Q. 스트레스를 더 건강하게 다루기 위해, 어떤 방법을 시도해 볼 수 있을까요? 예를 들어, 충분한 수면, 신뢰할 수 있는 사람과의 대화, 스트레스 상황과 잠시 거리를 두는 것도 하나의 방법이 될 수 있습니다. 지금 떠오르는 방법들을 자유롭게 적어 보세요.

A.

Supervisor Tips

- 스트레스 상황에서는 불안, 혼란, 긴장 등으로 인해 공격적이거나 위축된 반응이 나타날 수 있습니다. 색이나 형태, 이미지가 잘 떠오르지 않는다면, 눈을 뜨고 마음을 가라앉힌 뒤 손이 가는 대로 선을 그어 보는 것부터 시작해 보세요. 난화처럼 자유로운 표현이 감정과 연결되는 통로가 될 수 있습니다.
- 계기판 그림 옆에 자신에게 필요한 '경고등'을 떠올려 그리거나 적어 보세요. 브레이크 경고등, 연료 부족, 문 열림 알림처럼 다양한 신호를 활용할 수 있습니다. 글이나 그림으로 표현하면서, 지금 내 안에 켜져 있는 경고등은 무엇인지 살펴보세요.
- 계기판에 나타난 신호 중 하나를 평소에도 떠올릴 수 있도록 짧은 문장이나 상징으로 정리해 보세요. 예를 들어, "지금은 잠시 멈출 때야."와 같은 말은 스스로에게 주는 작은 경고등이 될 수 있습니다. 반복되는 상황 속에서 이 문장이 나에게 신호처럼 작동할 수 있습니다.
- 완성된 계기판을 바라보며, 그 그림이 나에게 어떤 감정이나 생각을 불러일으키는지 느껴 보세요. 때로는 스트레스 상황 자체보다, 그 상황을 바라보는 나의 시선이나 해석이 부담을 더 크게 만들기도 합니다. 지금 내 안에서 어떤 반응이 일어나고 있는지 차분히 살펴보는 것만으로도 의미 있는 시작이 될 수 있습니다.

7 에너지 관리: 소진 방지와 회복

예상 소요 시간: 약 50분

자신의 역할에 지나치게 몰두하다 보면 에너지가 방전되어 정서적 · 신체적으로 극도의 피로감을 느끼고 의욕 상실로 인해 아무것도 할 수 없는 무기력한 상태를 경험하게 됩니다.

나의 몸과 마음이 지쳤다는 신호를 보낼 때 이를 알아차리고 내면의 목소리에 귀를 기울이는 것은 소진을 예방하는 데 중요한 역할을 합니다. 그렇기 때문에 우리는 몸에서 보내는 신호를 알아차리고 자기조절을 통해 적당한 때에 에너지를 충전해 줄 수 있어야 합니다. 이번 작업에서는 특히 '어떤 상황에서, 어떤 역할을 수행할 때' 내 에너지가 소진되는지를 살펴봅니다.

준비 단계

- 환경: 조용하고 방해받지 않는 편안한 공간에서 차분한 배경 음악을 틀어 주세요.
- 준비물: 색연필, 파스텔, 크레파스 등 다양한 색을 표현할 수 있는 드로잉 도구를 준비하세요.

작업 단계

- 눈을 감고, 양손을 배 위에 올려 둡니다. 천천히 심호흡하며 배의 움직임을 온전히 느껴 보세요.
- 최근 느꼈던 피로감 · 무기력감, 가슴 두근거림, 소리에 민감해지는 현상, 감정 조절의 어려움 등을 떠올려 봅니다.
- 이제 눈을 뜨고, 방금 떠올린 증상이나 신체적 감각을 워크시트에 색, 선, 모양으로 표현해 보세요.
- 그림을 완성한 뒤, 왼쪽 아래 칸에 방금 표현한 증상과 관련된 '감정이나 생각'을 간단히 적어 봅니다.
- 오른쪽 아래 칸에 '증상 완화를 위한 나만의 처방'을 써 보세요. 충분한 휴식과 수면, 산책, 몸의 긴장을 풀어 주는 스트레칭 등 자신에게 적합한 방식을 적어 보면 좋습니다.

최근 경험했던 피로감, 무기력감이나 가슴 두근거림 등 나의 증상과 신체적 감각을 그림으로 표현해 보세요. 이후, 아래의 왼쪽 칸에 관련된 감정과 생각을 적고, 오른쪽 칸에 증상을 완화하기 위한 나만의 처방을 적어 보세요.

증상	처방
□	□
□	□
□	□

성찰 단계(Q&A)

Q. 어떤 상황에서 피로감이나 무기력감, 감각적으로 예민해지는 것을 느끼나요?

A.

Q. 소진을 느끼는 상황에서 반복적으로 떠오르는 생각이 있나요? (예: '왜 나만 손해 보는 것 같지?' '내가 뭘 잘못했나?' '내가 이렇게까지 해야 하나?')

A.

Q. 그럼에도 불구하고 멈추지 못하는 이유는 무엇인가요?

A.

Q. 만약 이 상황에서 벗어난다면, 어떤 일이 일어날 것 같나요?

A.

Q. 우려한 상황이 일어나지 않는다면, 해 보고 싶은 것은 무엇이 있나요?

A.

Q. 앞서 작성한 '처방전' 중 한 가지를 선택해 보세요. 이를 실제로 실행한다면, 내 삶에 어떤 변화가 생길 것 같나요?

A.

Supervisor Tips

- 생각이 많아지거나 표현하기 어려울 때는 잠시 손을 멈추고, 내 몸이 보내는 작은 신호에 귀 기울여 보세요. 몸의 감각을 그림이나 색상 등으로 자연스럽게 표현하다 보면 내면의 감정이 편안하게 흘러나올 수 있습니다.
- 증상이나 신체적 느낌을 표현하는 데 어려움이 있다면, 색종이나 자투리 천 등 다양한 재료를 만져 보고 느껴 보세요. 그리고 마음이 이끄는 대로 편하게 붙이고 꾸미면서 내 상태를 있는 그대로 표현해 보세요.
- 내가 만든 처방전을 보며 지금 어떤 느낌이 드는지 천천히 느껴 보세요. 이 과정 자체가 스스로를 돌보고 위로하는 시간이 되어 줄 것입니다.
- 일주일 후 다시 이 처방전을 써 본다고 상상해 보세요. 그때의 나는 어떤 모습이고, 어떤 기분일까요? 이렇게 마음속으로 미리 그려 보는 것은 일상에서의 자기돌봄을 더 부드럽게 이어 갈 수 있도록 도와줍니다.

Chapter 4

화해와 수용: 마음의 평화

우리는 삶의 흐름 속에서 불안, 실패 그리고 잊고 싶었던 상처를 마주하게 됩니다. 이 챕터에서는 그러한 감정과 기억을 있는 그대로 인식하고, 회피하거나 억누르기보다 차분히 마주하고 이해하며 스스로와 화해해 가는 여정을 함께합니다.

자기격려와 긍정적인 자기대화를 통해, 내면의 긴장을 완화하고 정서적 균형을 회복해 가는 시간을 갖겠습니다. 이 과정을 통해 자신을 더 깊이 이해하게 되고, 삶의 복잡한 과정 속에서도 유연하고 따뜻한 시선을 갖게 될 것입니다.

1. 수용과 포용: 불안과 실패 이해하기
2. 불안 다루기: 걱정인형과 대화하기
3. 용서와 해방: 과거를 용서하기
4. 자신감 회복: 내 안의 장점 발견하기
5. 자기격려: 스스로를 칭찬하기
6. 긍정적인 자기대화: 희망의 메시지 보내기

1 수용과 포용: 불안과 실패 이해하기

예상 소요 시간: 약 40분

어려운 문제를 해결하고 긍정적인 변화를 이끌어 내야 하는 상황은 우리에게 종종 불안을 안겨 줍니다. '나는 이 일을 해낼 수 있을까?' '내 부족한 점을 알게 되면 실망하겠지?' 이런 생각은 우리를 쉽게 위축시킵니다.

불안이 몰려올 때, 그것을 억누르기보다 어떻게 다룰 수 있을지 방법을 찾고 여기에 에너지를 집중하는 것이 필요합니다.

실패 역시 피해야 할 것이 아니라, 삶의 일부이자 배움의 기회입니다. 실패에 대한 두려움을 억누르기보다, 있는 그대로 기꺼이 받아들여 보세요.

불안을 없애려 할수록 더 크게 느껴졌던 경험이 있으신가요? 불안은 긍정적 적응을 위한 자연스러운 감정이며, 영원히 지속되지는 않는다는 점을 기억해 주세요.

지금 불안하다는 것은, 낯선 일에 용기 있게 다가가고 있다는 증거입니다. "완벽하지 않아도 괜찮다."는 말, 이번에는 나 자신에게도 건네 보세요.

준비 단계

- 환경: 평소 가장 편안하고 위안을 주던 공간으로 이동하세요.
- 준비물: 꾸준한 기록이 가능한 드로잉 북과 가장 끌리는 드로잉 도구를 준비하세요.

작업 단계

- 편안한 자세로 앉아 숨을 고른 후, 두려움과 불안의 감정들을 깊은 숨에 내보내세요.
- 두 손을 마주 잡고 천천히 촉감을 느낀 후, 원하는 신체 부위를 차례대로 부드럽게 쓰다듬으며 자기위로의 시간을 가져 보세요.
- 불안을 느꼈던 순간들을 떠올려 보세요. 그때 나는 어떻게 대처했나요? 불안을 다루는 나의 패턴을 확인해 보세요. [활동 1]

- 실패했을 때와 성공했을 때, 나에게 일어날 수 있는 최악과 최선의 상황을 단계별로 적어 보세요. [활동 2]
- 각 단계에서 느껴지는 불안의 순간을 떠올려 보며, 내가 진정으로 두려워했던 것은 무엇인지, 그때 사고의 흐름은 어땠는지를 살펴보세요.
- 앞서 떠올린 상황들 중 내가 통제할 수 있는 것과 통제할 수 없는 것을 구분해 보세요.
- 통제 가능한 것들에 대해서는 어떻게 접근하고 다룰 수 있을지 단계별로 표현해 보세요. 단계별로 제공된 테두리 그림을 사용하세요. [활동 3.1–3.3]
- 평소 실패와 성공에 대해 어떻게 생각해 왔나요? 이번 활동을 통해 발견한 나의 사고와 대처 방식을 바탕으로, 실패와 성공을 나만의 언어로 다시 정의해 보세요.

[활동 1] 불안을 느꼈을 때 대처했던 상황 세 가지를 표현한 후, 반복적인 나의 사고 패턴을 살펴보세요.

[활동 2] 실패했을 때 나에게 일어날 수 있는 상황을 단계별로 적어 보세요.

성공했을 때 나에게 일어날 수 있는 상황을 단계별로 적어 보세요.

[활동 3.1] 나의 불안을 어떻게 접근하고 다룰 수 있을지 자유롭게 표현해 보세요. (1단계)

[활동 3.2] 나의 불안을 어떻게 접근하고 다룰 수 있을지 자유롭게 표현해 보세요. (2단계)

[활동 3.3] 나의 불안을 어떻게 접근하고 다룰 수 있을지 자유롭게 표현해 보세요. (3단계)

성찰 단계(Q&A)

Q. 한 주 동안 겪었던 불안한 순간들을 떠올려 보세요. 그때 내 불안을 키웠던 주요 요인은 무엇이었나요?

A.

Q. 그 상황 속에서 반복적으로 떠오르던 생각이나 감정의 흐름이 있었나요? 그 패턴을 인식한 후, 내 반응 방식에 어떤 변화가 있었나요?

A.

Q. 내가 직접 개입해서 다루어 볼 수 있는 상황이 있었다면, 그 경험은 내 불안과 감정 조절 방식에 어떤 영향을 주었나요?

A.

Q. 테두리 그림을 단계별로 표현해 보며, 불안을 바라보는 시선이나 마음의 균형감에 어떤 변화가 있었나요?

A.

Q. 성공과 실패에 대한 나만의 정의를 새롭게 떠올려 본 후, 비슷한 불안 상황에서 나의 태도나 행동에 어떤 변화가 생겼나요?

A.

Supervisor Tips

- 손바닥 크기의 작은 드로잉 북이나 수첩을 준비해 두세요. 불안한 감정이 느껴지거나 실수로 인한 두려움이 올라올 때, 언제라도 꺼내 그리거나 기록할 수 있습니다. 하나씩 누적된 기록 속에서 나만의 불안과 사고 패턴을 더 쉽게 파악할 수 있을 것입니다.
- 조절할 수 있는 것과 없는 것, 최악과 최선의 상황, 실패와 성공에 대한 정의는 내가 어떤 경험을 하느냐에 따라 달라질 수 있습니다. 이러한 변화를 인식하고, 주기적으로 자신의 상태를 점검하며 업데이트해 보세요.
- 워크시트에 있는 테두리 안의 그림을 3단계로 나누어 그리면서, 조절감을 어떻게 다루고 있는지 함께 생각해 보는 것이 도움이 될 것입니다. 이 활동을 통해 내가 조절 가능한 것과 불가능한 것을 시각적으로 표현하고, 상황에 따른 나만의 대응 방식을 정리할 수 있습니다.
- 여유로운 공간과 시간을 만들기 어려운 상황에서는 작은 드로잉 북에 2~5분간 대칭적이고 반복적인 형태를 그려 보세요. 같은 형태를 천천히 반복해서 그리다 보면 마음이 차분해지고 안정감을 느낄 수 있습니다.

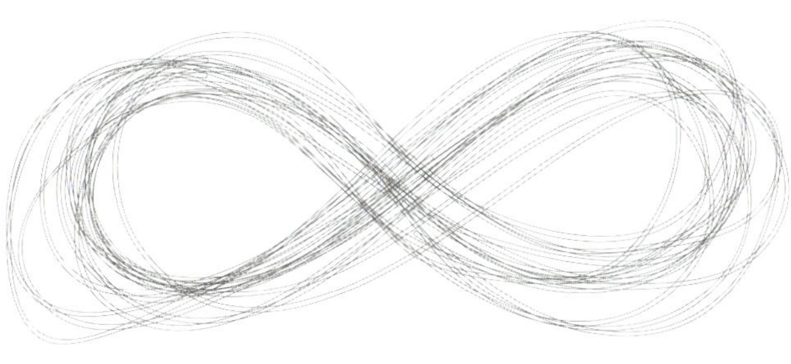

2 불안 다루기: 걱정인형과 대화하기

예상 소요 시간: 약 40분

불안은 다양한 이유로 나타나며, 때로는 내가 통제할 수 없는 불확실한 상황에서 시작되기도 합니다. 불편한 생각들이 머릿속을 맴돌고, 긴장감과 함께 신체적인 변화가 나타나기도 합니다. 불안은 생존과 안전을 위해 꼭 필요한 감정이지만, 그 강도가 강해지거나 빈도가 잦아지면 일상생활을 유지하는 데 어려움을 느낄 수 있습니다.

머릿속에서 반복되는 뚜렷하지 않은 걱정과 불안은, 믿을 만한 누군가에게 이야기하는 것만으로도 한결 가벼워질 수 있습니다.

나에게 가장 신뢰감과 애정을 주는 존재의 모습으로 걱정인형을 만들어, 지금의 불안을 솔직하게 표현하고 정리해 보는 시간을 가져 보세요. 정기적으로 걱정인형과 함께 불안을 들여다보고 풀어내다 보면, 내 안의 불안이 조금씩 가라앉고 마음의 중심을 되찾는 데 도움이 될 것입니다.

준비 단계

- 환경: 걱정인형을 안전하게 보관하고 대화할 수 있는 아늑한 공간을 마련해 보세요.
- 준비물: 걱정인형, 작은 크기의 스케치북, 채색이 가능한 드로잉 도구를 준비하세요.

작업 단계

- 먼저, 걱정인형과 대화할 수 있는 시간과 장소를 정해 보세요. 매일 또는 매주 일정한 시간에 '걱정인형과 대화'하는 시간을 가져 보세요. [활동 1]
  - 예: 아침 7시~7시 20분, 침대에 앉아 따뜻한 물 한 잔과 함께
    오후 1시~1시 20분, 햇살이 드는 베란다의 의자에서
    밤 9시 30분~10시, 따뜻한 느낌의 조명과 푹신한 쿠션이 있는 공간에서
- 정해 둔 시간에, 마련된 공간에서 편안한 자세로 앉아 잠시 호흡을 가다듬어 보세요.

- 현재의 불안과 스트레스를 떠올려 봅니다. 그 상황에서의 느낌, 신체 감각, 반복되는 생각, 마음속 이미지를 떠올리고 표현해 보세요. [활동 2]
- 걱정인형에게 내가 겪은 불안한 상황과 그 이유를 솔직하게 이야기해 보세요. 글이나 그림으로 표현해도 좋습니다. [활동 3]
- 걱정인형에게 불안을 말하기 전과 후의 마음 상태의 변화를 확인해 보세요.

[활동 1] 걱정인형과 대화를 나누기 좋은 시간과 장소는 언제, 어디인가요? 그렇게 선택한 이유는 무엇인가요?

시간:

장소:

이유:

[활동 2] 불안했던 상황에서의 느낌, 신체 감각, 반복되는 생각, 마음속 이미지를 표현해 보세요.

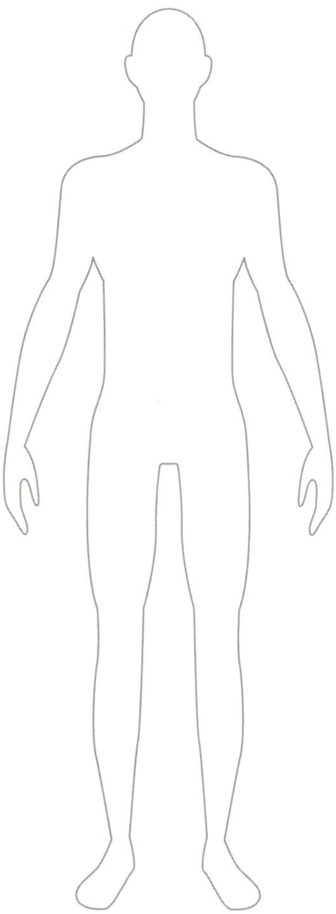

불안이 나타난 상황(situations)

느낌(feelings)

생각과 이미지(thoughts & images)

[활동 3] 걱정인형에게 내가 겪은 불안한 상황과 그 이유를 솔직하게 이야기해 보세요.

네 마음속에 있는 이야기를 들려줄래?
너의 마음을 천천히 솔직하게 표현해 봐.

성찰 단계(Q&A)

Q. 지난 한 주 동안 걱정인형과 가장 많이 나눈 이야기는 무엇이었나요? 그 이야기들은 어떤 상황에서 시작되었고, 어떤 불안을 느꼈나요?

A.

Q. 불안한 순간에 나타난 신체 반응, 상황 해석, 떠오른 생각과 이미지를 통해 내 안에서 반복되는 감정의 흐름이나 사고 패턴을 발견한 부분이 있었나요?

A.

Q. 매일 정해진 시간에 걱정인형과 대화를 하면서 나의 감정 흐름이나 일상 리듬에 어떤 변화가 생겼나요? 그 시간을 제외한 하루는 어떤 흐름이었는지도 함께 떠올려 보세요.

A.

Q. 걱정인형에게 마음을 표현한 후, 불안을 바라보는 나의 시선이나 감정의 무게가 어떻게 달라졌나요?

A.

Q. '걱정인형과의 대화'에 있어서 시간이나 장소가 불편하게 느껴졌던 순간이 있었나요? 그 이유는 무엇이었고, 앞으로 더 잘 이어 가기 위해 바꾸고 싶은 시간이나 공간이 있다면 어떻게 구성해 보고 싶나요?

A.

Supervisor Tips

- 매일 정해진 시간과 장소에서 걱정인형과 대화를 나누어 보세요. 이 시간에는 걱정을 마음껏 표현하고, 그 외의 시간은 '걱정에서 잠시 쉬어 가는 시간'으로 정해 보는 것도 도움이 됩니다. 내 안의 불안을 나누는 습관은 정서적 여유와 회복을 가능하게 합니다.
- 걱정인형은 가치 판단을 하지 않는 신뢰할 수 있는 상징적 대상입니다. 매번 슈퍼바이저나 동료에게 털어 놓을 수 없는 순간들, 이 인형은 나만의 내적 자원이 되어 줄 수 있습니다. 지금의 감정과 상태를 걱정인형에게 소리 내어 표현하거나, 글이나 그림으로 정리해 보세요. 그 과정을 통해 현재 나의 불안을 인식하고, 그 이유를 스스로 점검할 수 있습니다.
- 불안이 심할 때는 걱정을 주제로 한 대화를 줄이고, 충분한 수면과 감각 안정에 집중해 보세요. 카페인, 니코틴, 알코올은 단기적으로 불안을 낮출 수 있지만, 장기적으로는 불안 증상을 더 심하게 만들 수 있습니다. 일시적인 위안보다는 장기적인 관점에서 적절한 방식으로 불안을 조절하는 태도가 필요합니다.
- 걱정인형 대신 나에게 의미 있는 물건을 불안을 다루는 도구로 삼을 수도 있습니다. 예를 들어, 원석, 손에 익은 장신구, 자연물 등은 감각적 안정과 상징적 위로를 함께 줄 수 있습니다. 또한 디지털 환경이 익숙한 사용자라면 가상공간에서 '메타 걱정인형(meta-worry doll)'을 만들어 아바타를 통해 불안을 투사하고 다루는 방법도 활용해 볼 수 있습니다. 접근성과 지속성을 고려해, 일상에서 자주 마주하고 편하게 사용할 수 있는 매개체를 선택하세요.

3 용서와 해방: 과거를 용서하기

예상 소요 시간: 약 20분

우리는 살아가며 타인의 실수뿐 아니라, 스스로의 실수나 부족함과도 자주 마주하게 됩니다. 그 기억은 마음 한편에 남아, 때로는 부정적인 감정으로 삶의 흐름에 영향을 주기도 합니다.

어떤 일이 계속 나를 괴롭히고 있다면, 그 일에 대해 '용서'라는 선택을 떠올려 볼 수 있습니다. 처음에는 용서가 어렵게 느껴질 수 있습니다. 하지만 그 감정을 오랫동안 붙잡고 있는 것이 오히려 스스로 고통을 머물게 하는 것은 아닌지 돌아볼 필요도 있습니다.

용서는 과거를 없애는 일이 아니라, 그때의 나를 이해하고 마음에 여유를 되찾는 과정입니다. 반드시 큰 결심이 아니어도 괜찮습니다. 일상 속에서 작고 작은 용서를 하나씩 실천해 보세요. 그 시간이 쌓이면, 조금 더 편안하고 자유로운 나를 발견하게 될 것입니다. 용서는 결국, 나 자신에게 주는 선물입니다.

준비 단계

- 환경: 글을 쓰거나 그림을 그릴 수 있는 조용하고 편안한 공간을 마련해 보세요.
- 준비물: 연필, 볼펜, 색연필 등 자유롭게 표현할 수 있는 드로잉 도구를 준비합니다.

작업 단계

- 오늘 하루를 가만히 떠올려 보며, 나 자신과 타인의 실수나 부족함 앞에서 내가 어떤 방식으로 반응했는지 돌아봅니다.
- 오늘 하루 실천한 작은 용서가 있다면 무엇이었나요? 짧은 글이나 그림으로 간단하게 남겨 보며, 하루하루 '용서 일기'를 채워 보세요.
- 어떤 순간에 '용서하기로 결정했는지', 그리고 그 선택 이후 어떤 감정이나 생각의 변화가 있었는지 기록해 봅니다. 가장 해방감을 느낀 순간이 있었다면, 그 이유도 함께 적어 보세요.

- 내가 실수했을 때, 상대에게 어떻게 사과했는지, 그리고 누군가 나의 실수를 어떻게 받아 주었는지도 떠올려 봅니다. 그 과정에서 느껴졌던 감정과 관계의 흐름도 함께 되짚어 보세요.

작은 용서들을 매일 하나씩 기록해 보세요. 오늘은 어떤 용서를 마주했나요?

Date. . .	Date. . .	Date. . .	Date. . .	Date. . .
Date. . .	Date. . .	Date. . .	Date. . .	Date. . .
Date. . .	Date. . .	Date. . .	Date. . .	Date. . .
Date. . .	Date. . .	Date. . .	Date. . .	Date. . .
Date. . .	Date. . .	Date. . .	Date. . .	Date. . .
Date. . .	Date. . .	Date. . .	Date. . .	Date. . .

성찰 단계(Q&A)

Q. 지난 한 주 동안 내가 실천한 작은 용서에는 어떤 순간들이 있었나요?

A.

Q. 일상 속에서 꾸준히 작은 용서를 실천한 후, 나의 마음에 어떤 변화가 일어났나요?

A.

Q. 가장 해방감을 느꼈던 용서의 순간은 언제였나요? 용서한 순간과 용서받은 순간을 함께 떠올려 보세요. 그때 나는 어떤 감정을 느꼈고, 그 경험이 나에게 어떤 의미로 남았나요?

A.

Q. 아직 마음에 남아 있는, 용서하기 어려운 상황이나 관계가 있다면 무엇인가요? 그 감정을 조금 덜어 내기 위해 지금 내가 선택할 수 있는 방법이 있다면 어떤 것이 있을까요?

A.

Q. 용서를 조금씩 연습해 온 지금, 나에게 생긴 가장 큰 변화는 무엇이라고 느끼나요?

A.

Supervisor Tips

- 용서를 나만의 색상과 모양으로 자유롭게 표현해 보세요. 용서의 상징적인 패턴을 찾아보고, 나에게 자비를 주는 색상과 사고의 연결이 어떻게 이루어지는지 세심히 살펴보세요.
- 일상 속에서 무심코 '괜찮다'고 말하게 되는 순간들이 있습니다. 그 말이 진심인지, 아니면 관계를 유지하거나 감정을 피하기 위한 반응은 아닌지 스스로 점검해 보는 것도 중요합니다. 용서는 단순한 결심이 아니라, 인지와 감정, 행동, 동기, 관계적 태도까지 아우르는 복합적인 과정이기 때문입니다.
- 심리학에서는 용서의 양상을 두 가지로 구분하기도 합니다. 감정적 용서(emotional forgiveness)는 분노나 원망 같은 부정적인 감정을 보다 긍정적이고 타인을 향한 감정으로 바꾸는 과정을 말하며, 결정적 용서(decisional forgiveness)는 상대에 대한 부정적인 의도나 판단을 내려놓기로 결심하는 상태를 뜻합니다(Lichtenfeld et al., 2015*). 이 두 과정은 서로 보완적일 수 있으며, 상황과 감정에 따라 자신에게 어떤 방식이 필요한지 살펴보는 것이 중요합니다. 용서는 쉽게 도달할 수 있는 정적이고 일직선의 경험이 아니라, 많은 감정과 시간이 교차하는 유동적인 여정이라는 점을 기억해 주세요.
- 큰 결심이 아니어도 괜찮습니다. 하루에 하나, 작고 사소한 용서를 실천해 보세요. 반복되는 연습은 마음 안에 '용서의 근육'을 만들어 주고, 그만큼 나 자신을 더 유연하게 바라볼 수 있게 해 줍니다.
- 무엇보다도 기억해 주세요. 완벽하지 않아도 괜찮습니다. "이 정도면 충분해."라는 마음은 자기돌봄의 시작이자 용서의 핵심이 될 수 있습니다.

---

* Lichtenfeld, S., Buechner, V. L., Maier, M. A., & Fernández-Capo, M. (2015). Forgive and forget: Differences between decisional and emotional forgiveness. *PloS one, 10*(5), e0125561.

4 자신감 회복: 내 안의 장점 발견하기

예상 소요 시간: 약 30분

삶의 변화와 다양한 상황을 겪으며 종종 자신감을 잃기도 합니다. 때로는 자신의 잘못이나 실패만을 반복해서 떠올리며, 만성적인 자신감 부족에 머무르기도 합니다. 이럴 때일수록 내 안에 있지만 미처 인식하지 못했던 긍정적인 면들을 하나씩 찾아보는 시간이 필요합니다. 건강한 음식을 꾸준히 챙긴 날, 친구에게 작은 선물로 기쁨을 나누었던 순간, 끝까지 무언가를 완수했던 경험처럼, 일상의 작은 장면 속에서도 우리는 충분히 나만의 장점을 발견할 수 있습니다.

내면의 긍정적인 자원을 인식하고, 이를 통해 성장할 수 있다는 믿음을 회복하는 것이 중요합니다. 잘할 수 있는 일에 다시 도전하면서 내 장점을 강화해 나갈 때, 자연스럽게 자신감도 함께 자라게 됩니다.

준비 단계

- 환경: 조용히 집중할 수 있는 공간에서 시작하세요.
- 준비물: 연필과 색연필 또는 마커 등 드로잉 도구를 준비합니다.

작업 단계

- 편안한 공간에 머무르며 오늘 하루를 되돌아보세요. 평소라면 그냥 지나쳤을지 모를, 내가 자연스럽게 해낸 일들을 떠올려 봅니다. 그중 나를 긍정적으로 바라볼 수 있는 장면들이 있다면 가볍게 메모해 보세요.
- 떠오른 나의 장점들을 나열해 봅니다. 작고 사소한 것이라도 괜찮습니다. 타인과 비교하지 말고, 나의 삶에 집중해 객관적인 시선으로 긍정적인 면들을 써 내려가 보세요.
- 발견한 나의 장점들이 자신감의 씨앗이 되어 자라나는 모습을 떠올리며, 꽃병을 층층이 아름다운 색으로 채워 보세요. [활동 1]
- 그리고 그 씨앗이 더 크게 자라날 수 있는 환경을 상상해 봅니다. 나를 더 잘 자라게 할 수

있는 공간은 어떤 모습인가요? 그 장면을 자유롭게 표현해 봅니다. [활동 2]

- 완성한 그림을 바라보며, 지금 나의 자신감은 어떤 모습으로 자리하고 있는지, 앞으로 어떻게 더 성장할 수 있을지 생각하는 시간을 가져 보세요.

[활동 1] 나의 장점들을 하나씩 발견할 때마다, 꽃병의 색을 층층이 채워 나가 보세요.

[활동 2] 나의 긍정적인 자원에서 자라난 작은 싹을 더 넓고 건강한 공간으로 옮겨 심어 보세요. 새로운 환경에서 힘차게 자라는 줄기와 잎, 꽃의 모습을 자유롭게 표현해 봅니다.

성찰 단계(Q&A)

Q. 지난 한 주 동안 새롭게 알게 되었거나, 다시 인식하게 된 나의 장점은 어떤 것들이 있었나요?

A.

Q. 어떤 경험들을 통해 나의 장점들을 인식할 수 있었나요?

A.

Q. 이미 나에게 있었던 장점이라면, 그동안은 왜 잘 알아차리지 못했을까요?

A.

Q. 다른 사람을 보며 부러웠던 장점이 있었나요? 사실은 나에게도 이미 있는 모습은 없었나요?

A.

Q. 자신감을 회복하고 유지하기 위해 앞으로 나의 장점들을 어떻게 활용하고 싶은가요?

A.

Q. 나는 지금 어떤 방식으로 자신감을 회복해 나가고 있다고 느끼나요?

A.

Supervisor Tips

- 이번 작업은 자신감을 회복하는 '방식' 자체를 찾는 과정이기도 합니다. 꼭 드로잉이나 식물이 아니어도 좋습니다. 자신에게 회복과 자신감을 떠올리게 하는 상징이나 표현 방식을 자유롭게 선택해 보세요. 회복의 형태는 사람마다 다르며, 나에게 맞는 방식이 가장 효과적입니다.
- 장점을 떠올리는 것이 어렵게 느껴진다면, 믿을 수 있는 사람들의 피드백을 조용히 떠올려 보세요. 내가 평소 잊고 지냈던 장점이 누군가의 시선 안에서는 이미 오래전부터 보였을 수 있습니다. 타인의 시선에서 출발하더라도, 그것이 나의 자원으로 연결되는 경험은 충분히 의미 있습니다.
- 장점은 꼭 '성과'로 증명되지 않아도 괜찮습니다. 결과보다도 그 안에서 내가 어떤 태도와 마음을 가지고 어떤 선택을 했는지를 주의 깊게 바라보는 것이 더 중요할 수 있습니다. 눈에 띄는 성취가 없더라도 과정 속에서 꾸준히 나를 지지한 내적인 자질이 있다면, 그것이 바로 '자신감의 뿌리'입니다.
- 어떤 장점을 더 키워 가고 싶은지 혹은 새롭게 길러 보고 싶은지를 스스로 선택해 보세요. 지금의 나에게 필요한 자원이 무엇인지 차분히 돌아보고, 나만의 회복 방법이나 의미 있게 느껴졌던 활동들을 떠올려 보세요.

5 자기격려: 스스로를 칭찬하기

예상 소요 시간: 약 30분

타인을 돕는 일을 하다 보면, 우리는 자신에게 더 엄격해지기도 하고, 때때로 스스로를 비판하거나 의심하게 되기도 합니다. 혹시 그 누구보다 자신에게 더욱 엄격하지는 않았나요? 지금까지 잘해 온 일들, 나의 긍정적인 면에 대해 진심으로 칭찬해 본 기억이 언제였는지 떠올려 보세요.

칭찬은 자신감을 키우고, 타인과의 관계에서도 건강한 거리와 신뢰를 쌓는 데 큰 역할을 합니다. 그러나 우리는 칭찬보다 비난과 자기검열에 더 익숙해진 경우가 많습니다. 일상의 작은 순간들을 찬찬히 들여다보면, 칭찬할 만한 나의 모습들이 곳곳에 숨어 있음을 발견하게 됩니다.

스스로를 향한 따뜻한 시선과 격려는 긍정적인 자아상을 형성하고 내면의 힘을 회복하는 데 중요한 자원이 됩니다. 이 시간을 통해 자신을 칭찬하는 법을 연습하며, 나 자신에게 조금 더 관대하고 따뜻한 태도를 길러 보세요.

준비 단계

- 환경: 기분 좋은 음악이나 향기와 함께하세요.
- 준비물: 색연필이나 볼펜 등 색이 있는 간단한 드로잉 도구를 준비하세요.

작업 단계

- 평소 좋아하는 음악이나 향기 등으로 좋은 기분과 감정으로 워밍업합니다.
- 오늘 하루 혹은 한 주 동안 경험한 일들을 떠올려 보고, 기분 좋거나 자랑스러운 일, 긍정적인 면들을 적어 보세요. '~할 수 있어서' '~해서'와 같이 구체적으로 적습니다.
- 만약 떠오르는 것이 없다면, 힘들었던 순간이나 불편했던 상황에서 내가 사실은 어떤 위로를 원했는지 생각해 보세요. 그때 듣고 싶었던 말을 지금의 나에게 건네 보는 것도 좋습니다.
- 나를 긍정하고 칭찬하는 말이 떠오르지 않는다면, 예전에 누군가로부터 받았던 칭찬이나

기분 좋았던 말들을 떠올려 보세요. 혹은 평소 하지 않던 행동을 실천했거나, 사소하지만 꾸준히 실천 중인 나만의 노력이 있다면 그 자체로도 충분히 칭찬받을 만한 일입니다.

- 기록한 칭찬들을 소리 내어 읽고, 스스로에게 "감사합니다."라고 응답해 주세요.

내가 가진 장점들을 떠올려, 스스로에게 전하는 칭찬의 말로 적어 보세요.

성찰 단계(Q&A)

Q. 하루 혹은 한 주 동안 경험한 일들 중에서 스스로 자랑스럽게 느꼈거나 긍정적으로 평가할 수 있는 순간들은 무엇이었나요?

A.

Q. 힘들었던 상황에서 내가 가장 필요로 했던 것은 무엇이었나요? 그때 나를 응원하거나 위로하는 말을 스스로에게 한다면, 어떻게 표현할 수 있을까요?

A.

Q. 기록한 칭찬을 모두 읽은 후, 스스로에게 "감사합니다."라고 말했을 때 어떤 느낌이 들었나요?

A.

Q. 작은 부분까지 인정하고 스스로를 칭찬한 이번 경험이 나에게 어떤 변화를 가져다주었나요?

A.

Supervisor Tips

- 칭찬 목록을 적는 것이 어렵게 느껴진다면, 평소 다른 사람에게 자주 건네는 칭찬이나, 내가 들었을 때 기분이 좋았던 말을 먼저 떠올려 보세요. 그 말들을 쪽지에 적어 '칭찬 항아리'에 모아 두고, 하루에 하나씩 꺼내 스스로에게 읽어 주세요. 읽은 뒤에는 "고마워." "수고했어."와 같은 말로 가볍게 응답해 보는 것도 좋습니다.
- 작은 칭찬 목록을 기록하는 것이 익숙해지면, 칭찬 일기를 쓰며 매일 자신에게 격려의 말을 전하는 습관을 형성해 보세요.
- 칭찬을 일상에 자연스럽게 녹이는 연습도 도움이 됩니다. 예를 들어, 잠들기 전 조용히 하루를 돌아보며 스스로에게 수고했다고 말해 보는 것도 좋은 방법입니다. 이때 외부 상황보다는 나의 선택과 태도에 집중해 보세요.
- 칭찬은 과장된 자기애와는 다르며, 지나치게 겸손하거나 자신을 과소평가할 필요는 없습니다. 있는 그대로의 나를 인정하고 소중히 여기는 것이 중요합니다.

6 긍정적인 자기대화: 희망의 메시지 보내기

예상 소요 시간: 약 40분

스스로에게 말을 걸듯, 마음속 대화는 매일 이어집니다. 해야 할 일들, 떠오르는 감정, 해결되지 않은 생각들이 내면에서 끊임없이 오고 갑니다. 혹시 부정적인 자기대화가 습관처럼 반복되고 있지는 않나요?

오랜 기간 반복된 자기대화의 패턴은 우리의 정서와 스트레스 관리, 그리고 전반적인 삶에 큰 영향을 미칩니다. 부정적인 감정들을 효과적으로 관리하는 데 도움을 주는 긍정적인 자기대화는 우리가 건강하고 균형 있는 삶을 만들 수 있도록 돕습니다.

긍정적인 자기대화를 유지하려면 안정적이고 편안한 마음 상태가 중요합니다. 이 시간을 통해 나에게 보내는 따뜻한 격려와 지지, 평소 듣고 싶었던 희망의 메시지를 기록해 보세요. 삶에 활력을 더하고, 내면의 균형을 지켜 주는 힘이 되어 줄 것입니다.

준비 단계

- 환경: 햇살이 잘 드는 곳이나 따뜻한 조명이 있는 편안한 공간에서 시작합니다.
- 준비물: 색연필, 볼펜, 사인펜 등 자유롭게 표현할 수 있는 드로잉 도구와 색상별 작은 포스트잇을 준비합니다.

작업 단계

- 편안한 공간에 앉아, 마음속으로 스쳐 가는 생각들을 조용히 바라보며 오늘의 감정 상태를 느껴 봅니다.
- 떠오르는 생각들을 일기장이나 수첩에 자유롭게 적어 보세요. 그중 반복되는 자기대화의 패턴이 있다면 표시해 봅니다.
- 부정적인 자기대화가 있다면, 그 문장을 적어 본 후 조금 더 부드럽고 현실적인 말로 바꾸어 봅니다.

- 나의 가치와 존재를 인정해 주는 말 혹은 용기를 주는 문장을 포스트잇에 적어 보세요.
- 눈에 잘 보이는 곳에 하나씩 붙이며, 나를 응원하는 말들을 차곡차곡 쌓아 보는 시간을 가져 보세요.
- 특히 마음에 걸리는 부정적인 대화가 있다면, 그 위에 대응되는 긍정 문장을 붙이며 감정의 전환을 시도해 보세요.

나에게 희망과 용기를 주는 긍정적 메시지를 포스트잇에 적어, 하나씩 붙여 보세요.

성찰 단계(Q&A)

Q. 지금 떠오르는 생각들 중 반복되는 내용이나 말투가 있다면 무엇인가요? 그 안에서 나에게 익숙한 자기대화의 패턴을 발견할 수 있었나요?

A.

Q. 부정적인 자기대화가 있었다면, 그 말에 어떤 감정이 담겨 있었나요? 그리고 그것을 더 부드럽고 현실적인 말로 바꾸어 본다면, 어떤 표현이 가능할까요?

A.

Q. 표현을 바꾸고 난 뒤, 자기대화의 감정 흐름이나 반응 방식에 어떤 변화가 있었나요? 이러한 변화가 나에게 어떤 인식의 전환을 가져다주었나요?

A.

Q. 나의 존재나 가치를 인정해 주는 말들을 떠올려 보세요. 그 말들은 내 안에서 어떤 자원이나 힘으로 작용하나요?

A.

Q. 긍정적인 자기대화를 실천한 이후, 일상에서 더 가볍게 시작하거나 유지할 수 있었던 행동이 있다면 무엇이었나요? 그 실천은 지금 내 삶에 어떤 영향을 주고 있나요?

A.

Supervisor Tips

- 작은 수첩을 준비해 보세요. 자기대화가 떠오를 때마다 간단한 그림이나 글로 기록해 보면, 반복되는 생각의 패턴을 파악하는 데 도움이 됩니다. 부정적인 생각이나 이미지가 자주 떠오른다면, 그것을 긍정적이거나 중립적인 표현으로 바꾸는 연습부터 시작해 보세요.
- 감정 표현이 강렬하게 느껴질 때는, 보다 부드러운 언어로 바꾸는 것도 한 방법입니다. 예를 들어, "너무 화가 나."는 "기분이 좋지 않아."로, "정말 싫어."는 "지금은 내키지 않아."와 같은 말로 표현해 보세요. 바뀐 감정을 색이나 상징으로 일기장에 간단히 나타내 보는 것도 감정 조절에 효과적입니다.
- 자기대화 속에 자신을 제한하거나 단정 짓는 말이 있다면, 그 순간 질문을 던져 보세요. 예를 들어, '나는 못 해'라는 생각 대신 '이걸 어떻게 해결할 수 있을까?' 또는 '지금 할 수 있는 첫걸음은 뭘까?'와 같이 시선을 바꾸어 보는 연습이 필요합니다.
- 긍정적인 자기대화가 시작되었나요? 그 흐름을 꾸준히 이어 가는 것이 중요합니다. 부정적인 생각이 올라올 때마다 의식적으로 긍정적인 표현으로 전환하는 연습을 반복해 보세요. 반복될수록, 나에게 힘이 되는 언어가 내면에 더 깊이 자리 잡을 수 있습니다.

Chapter 5

재창조의 시작:
성장을 향한 새로운 걸음

치료자로서의 여정은 끊임없는 성장과 재창조의 과정입니다. 마지막 챕터에서는 여러분의 진정한 소망을 탐색하고, 미래를 향한 구체적인 계획을 세워 봅니다.

개인적인 성장과 전문성 개발이 조화를 이루는 삶의 방향성을 설정하고, 든든한 지지 기반을 마련하며, 일상 속 안정감을 유지하는 방법을 함께 찾아 갑니다. 이 과정은 여러분이 치료자로서뿐만 아니라 한 인간으로서 더 풍요롭고 균형 잡힌 삶을 살아가는 데 도움이 될 것입니다. 그리고 이렇게 쌓인 내적 자원과 태도는, 누군가의 여정에서 따뜻한 격려가 되고 방향을 제시할 수 있을 것입니다.

1. 가치와 소망: 삶의 방향 찾기
2. 행복 재발견: 새로운 행복 찾기
3. 미래 계획: 인생 로드맵 작성하기
4. 지지망 구축: 나를 지지하는 사람들
5. 안전기지 구축: 나만의 안전기지
6. 일상의 평화: 안정감 유지를 위한 일상의 실천

1 가치와 소망: 삶의 방향 찾기

예상 소요 시간: 약 40분

삶에서 내가 정말 원하는 것이나 목표를 명확히 알지 못하는 것은 자연스러운 일입니다. 때로는 길을 잃은 듯한 느낌이 들기도 하고, 타인의 성취나 뚜렷한 방향성과 비교하며 압도감을 느낄 수 있지만, 우리 모두는 각자의 속도와 방향을 가지고 있다는 점을 기억해 주세요.

지금의 감정과 호기심을 바탕으로, 인생에서 중요하게 여기는 가치를 탐색해 봅니다. 진정으로 원하는 것과 실제 행동이 일치할 때, 우리는 만족과 행복을 더 깊이 경험할 수 있습니다. 이번 시간을 통해 나의 소망과 핵심 가치를 발견하고, 새로운 성장의 방향을 그려 보세요.

준비 단계

- 환경: 편안하게 집중할 수 있는 시간과 공간에서 시작하세요.
- 준비물: 필기와 채색이 가능한 드로잉 도구를 준비하세요.

작업 단계

- 조용한 공간에 앉아, 나에게 행복했던 순간이나 보람을 느꼈던 시간을 떠올려 보세요. 그때 함께했던 사람, 나를 움직이게 했던 이유, 그리고 주변 환경도 함께 기억해 봅니다.
- 직업이나 일상에서 자랑스러웠던 경험과 그 이유도 생각해 보세요. 그 경험이 나에게 어떤 의미였는지 가볍게 적어 보거나 그려 보세요.
- 이러한 기억 속에서 중요하게 느껴지는 가치들을 하나씩 글이나 그림으로 자유롭게 표현해 봅니다. 순서나 형식은 중요하지 않으니 마음 가는 대로 표현해 보세요. [활동 1]
- 표현한 가치들을 차분히 살펴보며, 나에게 더 중요하게 다가오는 가치가 무엇인지 비교해 봅니다. 이를 통해 가장 중심에 있는 가치를 자연스럽게 떠올려 보세요. [활동 2]
- 선택한 핵심 가치가 내 삶에서 어떻게 작동하고 있는지 살펴보고, 그것이 나에게 어떤 감정이나 변화를 가져오는지도 느껴 보세요. 예를 들어, 안정감, 활력, 감사 같은 감정이 떠오를 수 있습니다. 그런 감정이나 변화를 마주하며 활동을 마무리해 봅니다.

[활동 1] 기억 속 장면을 떠올리며, 그 안에서 중요하게 느껴졌던 가치들을 글이나 그림으로 자유롭게 표현해 봅니다. 형식이나 순서는 상관없습니다. 마음이 이끄는 방식으로 표현해 보세요.

[활동 2] 표현한 가치들을 찬찬히 돌아보며, 지금의 나에게 더 중요하게 느껴지는 순서대로 정리해 보세요.

1

2

3

4

5

6

7

8

성찰 단계(Q&A)

Q. 최근 나를 행복하게 했거나 자랑스럽고 보람 있게 느껴졌던 순간은 언제였나요? 누구와 함께였고, 어떤 이유 때문이었나요?

A.

Q. 그런 순간들에서 드러난 나의 가치는 무엇이었나요?

A.

Q. 과거에 중요하다고 생각했던 소망이나 가치는, 지금도 여전히 나에게 의미 있나요?

A.

Q. 만약 변화가 있었다면, 지금의 나는 어떤 가치를 가장 중심에 두고 있나요?

A.

Q. 그 가치들은 직업이나 일상에서 나의 행동과 어떻게 연결되어 나타나고 있나요?

A.

Q. 앞으로 이 방향성을 유지하거나 확장하기 위해 선택할 수 있는 행동이나 실천은 무엇인가요?

A.

Q. 이번 시간을 통해 나의 삶에 대해 새롭게 인식하게 된 점이나 마음에 남는 생각이 있다면 무엇인가요?

A.

Supervisor Tips

- 표현한 가치와 소망을 바탕으로, 앞으로의 방향을 '길'의 형태로 시각화해 보세요. 점이나 선의 흐름으로 표현하거나 클레이, 실, 종이 등 다양한 재료를 활용해 구성하는 것도 좋습니다. 시각화 과정은 현재 내가 어디에 있는지, 어떤 방향을 향하고 싶은지를 구체적으로 인식하는 데 도움을 줍니다.
- 한 번에 명확한 핵심 가치를 떠올리기 어렵다면, 기억에 남는 장면을 중심으로 감정과 의미를 따라가며 접근해 보세요. 예를 들어, '안정감을 느꼈던 순간'은 '신뢰'나 '연결'이라는 가치로 이어질 수 있습니다.
- 나열된 가치 중 우선순위를 정해 보는 활동은 단순한 분류를 넘어, 치료자로서 삶의 중심에 두고 싶은 방향성을 명료하게 정리하는 과정입니다. 이때 '옳은 가치'가 아닌, '지금 나에게 살아 있는 가치'를 찾는 것이 중요합니다.
- 선택한 핵심 가치가 실제 삶에서 어떻게 작동하고 있는지를 돌아보는 것은, 일상 속에서 무의식적으로 실천되고 있는 긍정적 자원을 자각하는 기회가 될 수 있습니다. 이는 회복탄력성과 자기확신을 높이는 데 도움이 됩니다.
- 이 작업은 단기적인 방향 설정뿐 아니라, 치료자로서의 지속 가능한 성장 기반을 마련하는 데 유용합니다. 변화하는 삶의 국면마다 다시 돌아와 점검해 볼 수 있는 내면의 '기준점'을 형성해 보세요.

2 행복 재발견: 새로운 행복 찾기

예상 소요 시간: 약 30분

많은 사람이 행복을 추구하지만 행복의 형태나 기준은 모호하고 추상적입니다. 모든 것이 순탄해 보이는 순간에도 행복을 찾기 어려울 때가 있습니다. 그렇다면 우리에게 행복이란 무엇일까요?

행복은 대단한 성과나 특별한 사건보다는, 균형 있고 리듬감 있는 삶 속에서 작은 순간들로 찾아옵니다. 풍요로운 순간이든 상처받고 힘든 시기이든, 우리는 스스로 행복을 능동적으로 찾아 나갈 수 있습니다.

내가 무엇을 통해 행복을 느끼는지, 행복한 삶을 위해 내가 실천할 수 있는 것들은 무엇인지 돌아보며, 나 자신을 사랑하고 존중하는 마음을 키워 보세요.

준비 단계

- 환경: 조용히 명상하고 기록할 수 있는 시간과 공간에서 시작하세요.
- 준비물: 자유로운 표현이 가능한 색연필, 사인펜, 파스텔 등 드로잉 도구를 준비합니다.

작업 단계

- 편안한 자세로 앉아 잠시 눈을 감고, 최근 나를 기분 좋게 했던 순간이나 따뜻했던 경험을 떠올려 봅니다. 함께한 사람, 상황, 감정, 감각 등을 기억해 보고, 일상 속에서 잊고 있었던 기쁨의 요소들을 하나씩 떠올려 보세요.
- 긍정적인 관계, 커뮤니티 활동, 자기관리, 성취 등 내 삶에서 긍정적인 측면은 어떤 것들이 있는지 생각해 봅니다.
- 떠오른 행복의 요소들을 내가 느끼는 색과 형태로 자유롭게 표현해 보세요. 글과 그림, 어떤 형식도 괜찮습니다. [활동 1]
- 표현한 내용을 바탕으로 앞으로 삶 속에서 더 많은 즐거움을 발견하고 실천할 수 있는 방

법을 떠올리고 앞으로 펼쳐질 모습을 표현해 보세요. [활동 2]

- 이 과정은 필요할 때마다 기쁨과 행복을 다시 만날 수 있는 내면의 문을 여는 방법이 될 것입니다.

[활동 1] 내가 느끼는 행복의 요소들을 떠올려 보세요. 이제 그 조각들을 색, 선, 형태, 단어 또는 그림으로 자유롭게 표현해 보세요.

[활동 2] 관계와 커뮤니티, 자기관리, 그리고 사소하지만 소중한 일상 속 순간들을 통해 다시 찾은 행복. 그 행복이 열어 준 문 너머에 펼쳐질 내 삶은 어떤 모습일까요?

Happiness in Relationships

Happiness in the Community

Happiness through Self-Care

Happiness in the Little Things

성찰 단계(Q&A)

Q. 최근 일상 속에서 새롭게 발견한, 나만의 작고 소중한 행복은 무엇이었나요?

A.

Q. 관계, 커뮤니티, 자기관리, 또는 일상 속에서 행복을 느낄 때, 내 몸과 마음에는 어떤 감각적인 변화가 있었나요? (예: 숨이 편해졌거나, 어깨가 가벼워졌거나, 몸이 따뜻해졌던 순간 등)

A.

Q. 행복을 느끼는 중에도 불편하거나 신경 쓰였던 부분이 있었다면, 그 감정은 무엇을 알려 주고 있었을까요? 내가 지금 놓치고 있는 것은 무엇일까요?

A.

Q. 기분이 저하되거나 불행하다고 느껴질 때, 나를 다시 회복시켜 줄 수 있는 나만의 방식은 무엇인가요?

A.

Q. 행복이 열어 준 문 너머에서, 나는 어떤 삶을 살고 있나요? 그 삶에서 지켜 가고 싶은 나만의 소중한 가치나 태도는 무엇인가요?

A.

Supervisor Tips

- 행복은 특별한 사건보다는, 일상 속 스쳐 지나간 작은 순간에 머물러 있을 때가 많습니다. 나를 따뜻하게 했던 경험이나 기억을 조용히 떠올려 보세요.
- 크레용, 파스텔처럼 직관적이고 감각적인 미술 매체는 감정을 자연스럽게 끌어내는 데 도움이 됩니다. 채색과 반복되는 선, 손 끝으로 경험하는 촉각적인 작업은 정서적 안정과 몰입을 돕습니다.
- 감정을 말로 표현하기 어렵다면, 색과 형태로 감정을 표현해 보세요. 반드시 뭔가를 잘 그릴 필요는 없습니다. 지금의 느낌을 그대로 담는 것이 중요합니다.
- 행복을 느끼는 순간에도 불편한 감정이나 저항이 함께 떠오를 수 있습니다. 그런 감정들도 배제하지 말고, 그 안에 담긴 신호에 귀 기울여 보세요.
- 행복은 어떤 결과가 아니라 지금 이 순간을 온전히 살아내는 태도에서 비롯됩니다. 일상 속 작은 감사를 실천하는 마음가짐이 행복을 되찾는 좋은 시작점이 될 수 있습니다.

3 미래 계획: 인생 로드맵 작성하기

예상 소요 시간: 약 60분

우리는 모두 자신이 바라는 미래가 현실이 되기를 원합니다. 이를 위해 계획을 세우고 목표를 설정하는 것이 중요하다는 것도 알고 있습니다. 그러나 막상 그 과정을 시작하려 하면 부담을 느끼고, 결국 눈앞의 일상에 집중하게 되는 경우가 많습니다.

인생 계획은 거창하거나 완벽할 필요가 없습니다. 중요한 것은 내가 어떤 사람인지, 무엇을 소중하게 여기는지를 이해하고, 그 위에 스스로가 원하는 미래를 구체적으로 그려 보는 것입니다.

삶의 방향성을 잡아 줄 핵심 가치를 발견하고, 상상하는 미래를 실현 가능한 목표로 하나씩 그려 나가 봅시다.

준비 단계

- 환경: 미래를 상상하고 집중할 수 있는 편안한 공간에서 시작하세요.
- 준비물: 연필, 색연필, 수채화 붓펜, 고체물감 등 드로잉 도구를 준비합니다.

작업 단계

- 원하는 미래의 모습이나 상황(관계, 직업, 자산, 태도 등)을 떠올리며, 이를 상징하는 사진이나 그림 등을 함께 감상해도 좋습니다.
- '나'를 중심으로, 원하는 미래를 이루기 위해 필요한 요소들을 마인드맵 형태로 자유롭게 브레인스토밍하며 표현합니다. [활동 1]
- 완성한 마인드맵을 다시 살펴보며 반복되거나 연결되는 공통된 가치들을 찾아보세요. 예를 들어, '전문 서적 읽기' '워크숍 꾸준히 참여하기'는 '성장'과 '변화'라는 가치와 연결될 수 있습니다.
- 찾아낸 가치를 바탕으로, 앞으로 3~5년 단위로 이루고 싶은 목표들을 자유롭게 나열해 봅니다. 순서에 얽매이지 않고, 떠오르는 대로 적어 가며 삶의 큰 그림을 그려 봅니다. [활동 2]

[활동 1] 원하는 미래를 향해 나아가기 위해, '나'를 중심으로 필요한 요소들을 자유롭게 브레인스토밍해 보세요.

[활동 2] 나의 핵심 가치와 중장기 계획을 작성해 보세요.

핵심 가치
Core Values

나의 인생 계획
My Life Plan

성찰 단계(Q&A)

Q. 원하는 미래를 위해 브레인스토밍한 요소들 중 지금의 나에게 가장 중요하게 다가온 것은 무엇인가요?

A.

Q. 마인드맵을 정리하면서 발견한 핵심 가치는 무엇이었나요? 그것이 나에게 중요한 이유는 무엇인가요?

A.

Q. 3~5년 단위로 세운 목표들 중 지금 가장 실천하고 싶은 목표는 무엇인가요?

A.

Q. 이 과정을 통해 나의 삶의 방향성이나 태도에 어떤 작은 변화가 생겼나요?

A.

Q. 설정한 목표를 실현하기 위해 앞으로 어떤 준비와 노력이 필요할까요?

A.

Q. 계획을 실행하는 과정에서 예상되는 어려움이 있다면, 이를 어떻게 극복할 수 있을지 생각해 봅시다.

A.

Supervisor Tips

- 미래를 상상하며 브레인스토밍할 때, 삶에서 하고 싶은 일과 이루고 싶은 모습들을 함께 그려 보세요. 이 과정에서는 이완 매체(예: 수채물감)와 통제 매체(예: 색연필, 볼펜)를 함께 사용해 자유롭게 조합해 사용하면 좋습니다. 다양한 재료를 활용하는 경험은 삶을 유연하게 바라보는 태도와 내가 통제할 수 있는 부분에 대한 신뢰를 자연스럽게 키우는 데 도움을 줍니다.
- 브레인스토밍한 내용을 정리하면서, 나에게 중요한 가치를 인식해 보세요. 무엇이 나를 움직이게 하는지, 어떤 기준이 내 선택을 이끄는지를 알게 되면, 계획을 세우고 실행하는 과정이 훨씬 분명해집니다.
- 발견한 가치를 기반으로, 미래 계획을 단계별 로드맵 형태로 시각화해 보세요. 마치 보드게임에서 한 칸씩 앞으로 나아가듯, 주요 목표를 순차적으로 배치합니다. 나이와 시기는 유연하게 설정하고, 각 단계마다 구체적이고 측정 가능한 목표를 세워 봅니다.
- 의사결정이 필요한 순간마다, 내가 중요하게 여기는 가치를 기준으로 선택해 보세요. 명확한 가치 기준은 불필요한 고민을 줄여 주고, 자기관리를 통한 삶의 만족도를 높이는 데 큰 도움이 됩니다.

4 지지망 구축: 나를 지지하는 사람들

예상 소요 시간: 약 40분

신뢰할 수 있는 안정적이고 긍정적인 사람들과의 교류는 매우 중요합니다. 슈퍼비전이나 피어비전과 같은 전문적 교류뿐만 아니라, 가족, 친구, 다양한 만남을 통해서도 확장될 수 있습니다. 사회적 관계망과 다양한 외부 자원이 안정될 때, 우리의 내면 에너지 역시 더욱 긍정적이고 탄탄하게 유지됩니다. 지금 내 주변에서 나를 지지하고 응원하는 사람들이 누구일까요? 자신의 현재의 지지망을 재점검하고, 앞으로 필요한 외적 자원을 어떻게 확장할 수 있을지 살펴봅시다.

준비 단계

- 환경: 신뢰할 수 있는 사람들과 함께할 수 있는 편안한 시간과 공간에서 시작하세요.
- 준비물: 색연필, 사인펜 등 자유롭게 사용할 수 있는 드로잉 도구를 준비합니다.

작업 단계

- 지금 내 곁에서 믿을 수 있고, 편안함을 주는 사람들을 떠올려 봅니다. 그들이 어떤 방식으로 나를 지지하고 있는지 생각해 봅니다.
- 나와 나를 지지하는 사람들과의 관계를 색과 형태로 자유롭게 소시오그램(sociogram)으로 표현해 보세요.
- 이 사람들과 주고받았던 것들(예: 정서적 지지, 물질적 지원, 정보 공유 등)을 살펴봅니다.
- 관계가 상호적이었는지, 혹은 어느 한쪽으로 치우쳐 있지는 않았는지도 함께 돌아봅니다.

나와 나를 지지하는 사람들과의 관계를 색과 형태로 자유롭게 소시오그램으로 표현해 보세요.

성찰 단계(Q&A)

Q. 지금 떠올린 사람들 중, 특히 나에게 가장 큰 지지를 준 사람은 누구였나요? 그 이유는 무엇인가요?

A.

Q. 나를 지지해 주는 사람들에게 나는 어떤 마음가짐과 태도를 보이고 있나요? 그들이 나에게 어떤 의미가 있는지 생각해 보세요.

A.

Q. 내가 누군가에게 지지적인 경험을 제공한 경우가 있나요? 있었다면 그 경험은 어떤 것이었고, 나에게 어떤 의미로 남았나요?

A.

Q. 현재 나를 둘러싼 지지망은 충분히 안정적이라고 느끼나요? 그렇지 않다면 어떤 부분이 보완되면 좋을까요?

A.

Q. 서로 신뢰하고 건강한 관계를 유지하며 지지망을 강화하기 위해 어떤 노력이 필요하다고 생각하나요?

A.

Q. 앞으로 나에게 필요한 새로운 관계망은 무엇이고, 이를 어떻게 만들어 나갈 수 있을까요?

A.

Supervisor Tips

- 완성한 소시오그램을 찬찬히 살펴보며, 색상, 선의 굵기, 기호 등을 통해 표현한 관계를 바라보세요. 그 안에서 어떤 사람들과의 관계에서 내가 가장 안정감이나 지지를 느끼는지 직관적으로 확인해 봅니다.
- 지금 맺고 있는 관계에서 서로 주고받는 균형이 잘 이루어지고 있는지 점검해 보세요. 내가 항상 주기만 하거나 받기만 하는 관계는 아닌지 돌아보는 것도 중요합니다. 관계는 상호작용이 원활할 때 더 건강하게 유지될 수 있음을 기억하세요.
- 특별한 애착이나 지나친 의존이 형성된 관계가 있는지 탐색해 보세요. 특정 인물을 떠올리며 자유연상 작업을 해 보고, 그 관계가 나에게 긍정적이고 건강한 영향을 주고 있는지 살펴봅니다.
- 필요하다면 그 관계에 대한 나의 기대나 감정도 함께 들여다봅니다. 가능하다면, 이 관계 작업 결과를 신뢰하는 상대와 공유해 보세요. 서로의 느낌과 생각을 나누는 과정은 관계에 대한 이해를 깊게 하고, 지지적인 연결을 더욱 강화하는 데 도움이 됩니다.
- 관계는 시간이 지나며 자연스럽게 변화할 수 있다는 점을 받아들여 보세요. 모든 관계가 완벽하게 상호적일 필요는 없습니다. 나에게 필요한 건강한 관계를 스스로 조율해 나가는 유연성도 함께 키워 나가는 것이 중요합니다.

5 안전기지 구축: 나만의 안전기지

예상 소요 시간: 약 40분

힘이 들어 지칠 때, 화가 나거나 슬플 때, 어디에서 위안을 얻고 있나요?

다른 사람과의 관계를 통한 지지와 격려도 중요하지만, 스스로를 따뜻하게 안아 주고 지탱해 줄 수 있는 내면의 안전기지를 마련하는 것 또한 매우 중요합니다.

나만의 심리적 안전기지는 어떤 모습인가요? 그것은 물리적인 공간일 수도 있고, 마음속에 떠오르는 특별한 이미지나 감정일 수도 있습니다. 형태가 어떻든 나에게 편안함과 회복을 가져다줄 수 있다면 충분합니다.

우리 안에 안전하고 단단한 기반이 자리 잡을 때, 그 힘은 나 자신을 넘어 주변 사람들에게도 안정적인 에너지를 전할 수 있습니다. 구축된 나만의 안전기지 안에서 '이대로도 괜찮다(good enough)'는 안정감을 느끼며, 다시 앞으로 나아갈 힘을 차분히 회복해 보세요.

준비 단계

- 환경: 편안하고 아늑한 공간에서 시작하세요.
- 준비물: 편안하게 사용할 수 있는 드로잉 도구를 준비하세요.

작업 단계

- 내가 가장 안정감을 느끼는 공간을 찾아 편안하게 앉습니다. 어깨에 힘을 풀고, 몸과 마음에 긴장된 부분이 없는지 천천히 살펴봅니다.
- 현실의 물리적 공간을 넘어, 힘들 때 나를 따뜻하게 감싸 주고 지지해 줄 수 있는 내면의 공간이나 사물을 떠올려 봅니다. 그 공간이나 사물의 형태, 색감, 분위기를 상상해 봅니다.
- 떠오른 이미지는 공간, 풍경, 사물처럼 구체적일 수도 있고, 색감이나 따뜻함 같은 추상적이고 감각적인 형태일 수도 있습니다. 형태나 색상에 구애받지 말고, 마음 가는 대로 자유롭게 표현해 보세요.

힘들 때 나를 따뜻하게 감싸 주고 지지해 주는 내면의 안전기지를 떠올린 뒤, 마음 가는 대로 자유롭게 표현해 봅니다.

Secure base

성찰 단계(Q&A)

Q. 지난 한 주 동안, 나만의 심리적 안전기지를 활용한 경험이 있었나요? 어떤 상황에서 그 안전기지를 찾아 머물렀는지 떠올려 보세요.

A.

Q. 나의 안전기지를 구체적으로 인식하고 활용한 후, 심리적 또는 신체적으로 어떤 회복이나 변화를 느꼈나요?

A.

Q. 나의 안전기지를 활용한 후, 대인관계에서 나와 타인 간의 교류는 어떤 변화가 있었나요?

A.

Q. 안전기지가 필요했던 상황에서 잘 활용하지 못했던 경험이 있다면, 그 이유는 무엇인가요?

A.

Q. 앞으로 새로운 안전기지를 만든다면, 어떤 형태나 모습으로 형성하고 싶나요?

A.

Supervisor Tips

- 편안함을 돕는 매체와 기법을 선택합니다. 수채화 물감, 파스텔, 색연필처럼 부드러운 촉감을 가진 재료를 사용하거나, 공예 기법(예: 천을 겹쳐 덧대기, 부드러운 재질을 활용한 만들기)을 활용해 표현해 보세요. 손으로 만지고 다듬는 과정 자체가 심리적 이완과 안정감을 깊게 경험하는 데 도움이 됩니다.
- 편안하고 안전한 공간을 떠올려 보세요. 예를 들어, 어머니의 품처럼 따뜻하고 보호받는 느낌이나, 자신만의 아늑한 공간에서 쉴 수 있는 느낌이 있을 수 있습니다. 그런 감정을 형태와 색, 촉감으로 자유롭게 표현해 보세요.
- 완성된 표현을 해석하려 애쓰지 않고, 그 과정에서 느꼈던 감정과 변화를 조용히 관찰합니다. 작품을 평가하거나 분석하려 하지 말고, '이 그림이 나에게 어떤 느낌을 주는가'에 집중합니다. 표현하는 동안 느낀 편안함과 회복의 경험을 소중히 받아들입니다.
- 표현한 안전기지는 언제든 마음속에서 돌아올 수 있는 공간임을 기억합니다. 현실의 공간이 아니더라도, 내면에 마련된 안전기지를 떠올리며 스스로를 다독이고 회복할 수 있습니다.

6 일상의 평화: 안정감 유지를 위한 일상의 실천

예상 소요 시간: 약 40분

일상에서 평화와 안정을 유지하는 것은 치료자로서의 전문성과 개인적인 웰빙에 큰 도움이 됩니다. 우리가 매일 반복하는 루틴(routine)과 깊이 있는 리추얼(ritual)은 안정감을 관리하는 데 중요한 역할을 합니다.

매일 자신만의 시간을 갖고, 외부의 영향을 잠시 멈추고 나 자신에게 집중하는 시간을 가져 보세요. 이러한 작은 실천은 일상을 더욱 풍요롭고 의미 있게 만듭니다. 또한 하루 동안의 긍정적인 사건에 집중하고 감사할 일을 정리하는 작은 습관을 통해, 정신적이고 감정적으로 더 안정된 상태를 유지하며 일상의 흐름을 이어 갈 수 있습니다.

다양한 일상 상황 속에서도 안정감을 유지하고 자기성장을 촉진하는 방법을 직접 경험해 보세요. 삶은 더욱 단단하고 풍요로워질 것입니다.

준비 단계

- 환경: 조용히 자신을 돌아볼 수 있는 시간과 공간에서 시작하세요.
- 준비물: 편안하게 사용할 수 있는 드로잉 도구와 지속적으로 기록할 수 있는 드로잉 북을 준비하세요.

작업 단계

- 하루 동안 일어난 일들을 천천히 되돌아보며 감사했던 순간들을 떠올립니다.
- 감사한 세 가지 사건을 간단히 그림으로 표현하고, 그 순간이 왜 감사했는지, 어떤 의미가 있었는지 적어 봅니다.
- 이 감사 리추얼을 매일 같은 시간에 반복합니다.
- 주간 또는 월간으로 그동안 그린 감사 그림들을 살펴보며, 그림들이 나에게 전하는 메시지와 그 과정에서 느낀 정서적 변화를 차분히 되돌아봅니다.

하루를 돌아보며 감사했던 세 가지 순간을 떠올리고, 간단한 그림과 함께 그 순간이 왜 감사했는지 적어 보세요.

Date ________ ________ ________

감사 일기

No.1

reason

No.2

reason

No.3

reason

성찰 단계(Q&A)

Q. 한 주 동안 가장 마음에 남았던 감사의 순간은 무엇이었나요? 그 순간이 특별하게 느껴진 이유는 무엇인가요?

A.

Q. 감사 리추얼을 실천하면서 자신의 감정이나 마음가짐에 어떤 변화를 느꼈나요?

A.

Q. 감사 리추얼을 통해 내 감정이나 일상에 대해 새롭게 발견하거나 깊이 이해한 부분이 있었다면 무엇인가요?

A.

Q. 감사 리추얼을 실천하기 힘든 날이 있었나요? 그런 날에는 어떤 생각이나 감정에 집중 하고 있었나요?

A.

Q. 감사 리추얼을 반복하면서 생활 태도나 가치관에 긍정적인 변화가 있었나요? 어떤 부분이 어떻게 달라졌나요?

A.

Q. 새롭게 시도하고 싶은 리추얼이 있나요? 어떤 리추얼을 계획하고 있나요?

A.

Supervisor Tips

- 감사 리추얼을 실천할 때는 자신에게 가장 편안한 매체와 방법을 선택하세요. 드로잉, 짧은 글쓰기, 색이나 감각을 활용한 표현 등 자신에게 자연스럽게 맞는 방식을 찾아 가며 감사의 순간을 기록해 봅니다.
- 감사한 순간을 표현한 후에는, 그 감정을 조용히 음미해 보세요. 단순히 적거나 그리는 데 그치지 않고, 그 순간이 내게 가져다준 감정과 의미를 천천히 느껴 보는 과정이 중요합니다.
- 매일 비슷한 시간대에 감사 리추얼을 실천하는 것을 추천합니다. 흐트러짐 없이 감정의 흐름을 이어 가기 위해, 가능하다면 짧은 시간이라도 일정한 리듬을 유지해 보세요.
- 감사할 소재가 부족하게 느껴질 때는, 작고 사소한 순간에도 주목해 보세요. 포근한 햇살, 따뜻한 커피 한 잔, 눈에 띈 예쁜 꽃처럼 일상의 작은 기쁨에 감사하는 연습은 감정의 폭을 넓혀 줍니다.
- 감사 리추얼을 이어 가며, 자신만의 작은 리추얼을 추가로 만들어 보는 것도 좋습니다. 예를 들어, 매주 한 번 '고마웠던 사람에게 메모 남기기' '자기 자신에게 편지 쓰기'와 같은 작은 의식을 실천해 볼 수 있습니다.
- 때로는 감사 리추얼을 다른 사람과 나누어 보세요. 친구나 동료와 서로 감사한 순간을 나누다 보면, 긍정적인 감정이 확장되고 새로운 관점도 얻게 됩니다.

memo

memo

memo

memo

memo

memo

memo

memo

memo

memo

저자 소개

박윤미 Park, Yun-Mi

한양대학교 응용미술교육과를 졸업하고 동 대학원에서 예술치료교육 전공으로 교육학 석사학위를, 미술교육 전공으로 이학 박사학위를 취득하였다. 현재 차의과학대학교 미술치료학과 교수로 재직 중이며 학과장을 맡고 있다.

한국미술치료학회 임상미술심리상담전문가(PATR)로, 한국미술치료학회와 한국미술치료교수협의회 이사로 활동하고 있다. 정담심리클리닉 소장을 역임하였으며, 『아동 미술치료기법: 발달과 성장을 돕는 실천적 접근』, 『미술치료사 11인의 정신장애별 미술치료』, 『초등학교 3-4학년군 미술과 국정 교과서 및 지도서』 등 다수의 저서를 공동 집필하였다.

박민정 Park, Min-Jung

서울여자대학교 공예학과를 졸업하고 동 대학 특수치료전문대학원에서 미술치료 전공으로 석사학위를, 차의과학대학교 일반대학원에서 임상미술치료 전공으로 박사학위를 취득하였다. 현재 을지대학교 아동청소년상담 전공 겸임교수로 재직 중이며, 모든마음센터 이사와 삼성노블카운티 미술치료 슈퍼바이저로 활동하고 있다.

윤라미 Yoon, Ra-Mi

차의과학대학교에서 임상미술치료 전공으로 석사 및 박사학위를 취득하였으며, 현재 Onda 미술치료연구소 대표로 활동하고 있다. 차의과학대학교와 성공회대학교에서 강의하고 있으며, 『미술치료 일지기록』을 저술하고 『아동 미술치료기법: 발달과 성장을 돕는 실천적 접근』, 『소아암 중환아의 그림과 미술치료』를 공동 집필 · 번역하였다.

미술로 치유하는 치료자
자기발견, 자기돌봄, 자기성장의 길

Art Therapy Workbook for Therapists
A Journey of Self-Discovery, Self-Care, and Personal Growth

2025년 10월 20일 1판 1쇄 인쇄
2025년 10월 30일 1판 1쇄 발행

지은이 • 박윤미 · 박민정 · 윤라미
펴낸이 • 김진환
펴낸곳 • ㈜학지사
04031 서울특별시 마포구 양화로 15길 20 마인드월드빌딩
대표전화 • 02-330-5114 팩스 • 02-324-2345
등록번호 • 제313-2006-000265호

홈페이지 • http://www.hakjisa.co.kr
인스타그램 • https://www.instagram.com/hakjisabook

ISBN 978-89-997-3550-9 93180

정가 19,000원

저자와의 협약으로 인지는 생략합니다.
파본은 구입처에서 교환해 드립니다.